JN099521

有限責任監査法人トーマツ【著】

金融商品の「時価」の会計実務

算定方法と開示

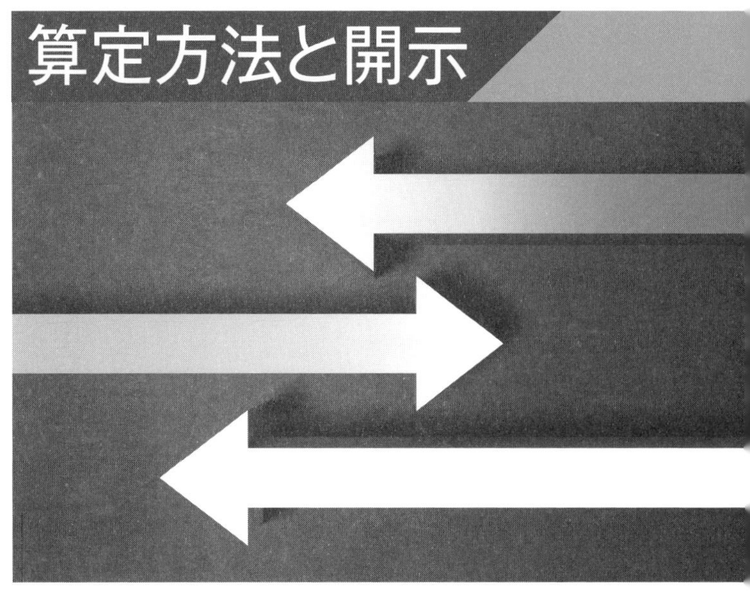

中央経済社

はじめに

1999年1月22日付けで，企業会計審議会から「金融商品に係る会計基準の設定に関する意見書」および「金融商品に係る会計基準」が公表され，有価証券やデリバティブ取引等の時価評価が要求されることとなってから，20年以上が経過した。その間，国際的な会計基準においては，金融商品に限らず多くの資産，負債または自己の資本性金融商品に要求または許容される時価（公正価値）による測定について，明確かつ首尾一貫したガイダンスが定められた。我が国においても，国際的な会計基準のコンバージェンスの流れに乗り，2008年後半から2011年半ばまで，企業会計基準委員会（以下「ASBJ」という。）において国際的な会計基準と同等の時価の概念や時価の算定に関する会計基準の開発が行われていたが，検討が中断されたまま，数年が経過していた。

しかしながら，2017年の終わりからASBJにおける検討が再開され，2019年7月4日付けで，企業会計基準第30号「時価の算定に関する会計基準」（以下「時価算定会計基準」という。）等が公表されるに至った。国際的な会計基準と比較すると，適用範囲は金融商品およびトレーディング目的で保有する棚卸資産に限定された狭いものとなったが，時価に関する開示を含め，国際的な企業間の財務諸表の比較可能性向上には，大きな意義を有するものと考えられる。また，我が国の企業が行う国際的な取引における公正な価格形成に寄与すること，および取引において形成された価格が財務報告に適切に反映されることも期待される。

本書では，時価算定会計基準設定の経緯，時価算定会計基準の内容の解説および実務への適用，時価算定会計基準の設定に伴う企業会計基準第10号「金融商品に関する会計基準」（以下「金融商品会計基準」という。）の改正ならびに金融商品の時価等の開示について網羅的に解説している。

第1章においては，時価算定会計基準設定の経緯について述べるとともに，時価算定会計基準の範囲外となった時価および時価に類似するが時価ではない項目について解説している。時価の算定においては，その各局面において，時価算定会計基準の各規定を相互に参照することが必要となるが，まず，具体的な時価を算定する前に理解しておくべき考え方，取扱いについて，基本的なものを第２章で，特定の状況におけるものを第３章で解説している。

第４章では，評価技法について，時価算定会計基準における要求事項とともに，個別の金融商品に適用される具体的な評価技法を紹介しているが，その前提として，取引の内容も説明しており，多様なデリバティブ取引の理解にも役立つことを期待している。数式を理解するためには，一定水準以上の数学的素養が必要であるが，直接的に時価を算定したり検証したりするのではなく，時価算定会計基準の影響を概括的に把握するだけであれば，各金融商品の時価の評価技法における基本的な考え方および重要なインプットについて理解すれば足りると思われる。第５章では，評価技法へのインプットについての基本的な考え方を述べ，第６章では開示にも関係する時価のレベル別分類について詳細に解説している。

時価算定会計基準の設定に伴う金融商品会計基準の改正のうち，会計処理に関する事項については第７章で述べている。金融商品に関する注記事項としては，金融商品の時価のレベルごとの内訳等に関する事項の開示が求められることとなった。第８章では，これまでの我が国における金融商品の時価に関する開示の歴史を振り返りつつ，時価算定会計基準の設定に伴う金融商品会計基準改正後の要求事項を，従来も要求されてきた金融商品の時価等に関する事項と併せて解説している。

最後の第９章においては，適用時期および経過措置について述べている。投資信託の時価の算定および組合等への出資の時価の注記について，ASBJは，時価算定会計基準公表後，概ね１年をかけて検討を行い，検討後，その取扱いを改正することを予定していた。しかし，本書発行時点においてもなお，その検討は終了しておらず，これらを含む会計基準の早期の完成が望まれる。

時価算定会計基準は，国内外の企業間における財務諸表の比較可能性を向上させる観点を重視しており，その適用にあたっては，国際的な会計基準の適用実務を参考にすることが適切と考えられる。そのため，本書では，時価算定会計基準等への記載には取り入れられなかったIFRS第13号「公正価値測定」（結論の根拠を含む。）や，当法人が属するデロイト ネットワークのガイダンスを参考にした事項を含めている。

本書が読者の時価算定会計基準の理解および実務への適用に貢献できれば幸いである。

最後に，本書の編集にあたり，多大な労をとっていただいた株式会社中央経済社会計編集部の末永芳奈氏に謝意を表したい。

2020年８月

有限責任監査法人トーマツ

目　次

第4章　評価技法　69

第8章 金融商品の時価等の開示 ―― 191

第1章 時価算定会計基準の設定

1 経緯

1 時価算定会計基準公表までの経緯

企業会計基準委員会（以下「ASBJ」という。）は，2019年7月4日付けで，企業会計基準第30号「時価の算定に関する会計基準」（以下「時価算定会計基準」という。）等を公表した。

時価算定会計基準と同時に公表された会計基準等は，以下のとおりである。

- 改正企業会計基準第9号「棚卸資産の評価に関する会計基準」（以下「棚卸資産会計基準」という。）
- 改正企業会計基準第10号「金融商品に関する会計基準」（以下「金融商品会計基準」という。）
- 企業会計基準適用指針第31号「時価の算定に関する会計基準の適用指針」（以下「時価算定適用指針」という。）
- 改正企業会計基準適用指針第14号「四半期財務諸表に関する会計基準の適用指針」（以下「四半期適用指針」という。）
- 改正企業会計基準適用指針第19号「金融商品の時価等の開示に関する適用指針」（以下「金融商品時価等開示適用指針」という。）

また，日本公認会計士協会（以下「JICPA」という。）は，同じく2019年7月4日付けで，以下の実務指針等の改正を公表した。

- 会計制度委員会報告第14号「金融商品会計に関する実務指針」（以下「金融商品実務指針」という。）
- 「金融商品会計に関するQ＆A」（以下「金融商品Q＆A」という。）
- 会計制度委員会報告第４号「外貨建取引等の会計処理に関する実務指針」（以下「外貨建取引等実務指針」という。）

国際会計基準審議会（以下「IASB」という。）および米国財務会計基準審議会（以下「FASB」という。）は，公正価値測定についてほぼ同じ内容の詳細なガイダンスを定めている。時価算定会計基準は，これらの国際的な会計基準の定めとの比較可能性を向上させ，日本基準を国際的に整合性のあるものとする取り組みの１つとして，主に金融商品の時価に関するガイダンスを定めたものである。

公正価値に関するガイダンスは，米国会計基準（以下「US GAAP」という。）においてはAccounting Standards Codification（以下「ASC」という。）のTopic 820「公正価値測定」（以下「Topic 820」という。）に定められている。これは，当初，財務会計基準書第157号「公正価値測定」（以下「FAS157」という。）として，2006年９月に公表されたものである。その背景は，会計基準上，公正価値による測定が非常に多くなってきたが，個々の会計基準において規定が定められ，また，その測定方法に関する詳細な定めがないため，実務上，多様な方法が見られるようになったことから，公正価値測定に関する明確かつ首尾一貫したガイダンスが会計基準として求められたことにあり，検討が開始されたのは，2003年６月であった。

「第２章　時価の算定に関する基本的な考え方」以降で詳しく説明するが，時価算定会計基準における，「出口価格」，「市場参加者」，「秩序ある取引」などの基本概念や，「インプット」のレベル別区分およびそれに基づく公正価値のレベル別分類等は，FAS157において定められたものである。

国際財務報告基準（以下「IFRS」という。）における公正価値に関するガイダンスは，IFRS第13号「公正価値測定」（以下「IFRS第13号」という。）に定められている。IASBもFASBと同様の問題意識から，2005年９月に公正価値の意味を明確化し，IFRSにおける適用に関するガイダンスを提供するためのプロジェクトをアジェンダに追加した。

2006年９月のFASBによるFAS157の公表後，IASBとFASBが協力してIFRSとUS GAAPにおける共通の公正価値測定および開示要求を開発してほしいという要望に応え，IASBとFASBは合同で議論を行った。その結果として，2011年５月に，IASBはIFRS第13号を公表し，FASBは会計基準更新書（ASU）No.2011-04「公正価値の測定および開示（Topic 820）：US GAAPとIFRSにおける共通の公正価値の測定および開示要求のための修正」を公表することにより，公正価値測定についてほぼ同じ内容の詳細なガイダンスが定められるに至った。

ASBJは，上記のIASBおよびFASBの流れを受け，2008年10月に，現行の会計基準等で定められた時価の概念や時価の算定に関して，公正価値測定の論点整理の公表に向けた検討を開始した。その後，ASBJは，2008年８月７日付けで「公正価値測定及びその開示に関する論点の整理」を公表し，寄せられたコメントを踏まえて2010年７月９日付けで企業会計基準公開草案第43号「公正価値測定及びその開示に関する会計基準（案）」および企業会計基準適用指針公開草案第38号「公正価値測定及びその開示に関する会計基準の適用指針（案）」を公表した。ASBJは引き続き，本公開草案へ寄せられたコメントを踏まえて会計基準および適用指針の公表に向けた検討を進めていたが，2011年７月以降，金融商品会計に関するIFRSとのコンバージェンスの機運が急速に低下したこともあり検討が中断された[1]。

しかし，ASBJが2016年８月に公表した中期運営方針における「日本基準を国際的に整合性のあるものとするための取組みに関する今後の検討課題」の１

1　ASBJの「中期運営方針」（2016年８月12日）には，「当委員会は，平成22年にIFRS第13号との整合性を図ることを提案する公開草案を公表したものの，本公開草案が金融商品以外の資産及び負債を含む広範なものであったこともあり，最終化をするに至らず，その後検討は中断されている。」と記載されているが，2011年６月16日開催第226回企業会計基準委員会審議事項３．の審議資料「審議(3)-1 ディスカッション・ポイント」には，「順調に進めば，７月に文案審議を経て，８月に公表議決の予定である。」と記載されている。

つとしてIFRS第13号に関する取り組みが記載され，IASBが2017年５月に公表したIASB情報要請「適用後レビュー—IFRS第13号『公正価値測定』」への対応後，改めて検討を開始することが2017年７月に決定された。上に述べた2010年７月に公表した公開草案については，IFRS第13号の公開草案段階のものと整合性を図ったものであったこと，および，公開草案に寄せられたコメントへの対応を十分に行う前に検討を中断したことから，基本的にこれを引き継がずに検討を行うこととなった。検討は，2017年11月から開始され，2019年１月18日付けで，企業会計基準公開草案第63号「時価の算定に関する会計基準（案）」等が公表され，上述のとおり，時価算定会計基準等が公表されるに至った。

2　時価算定会計基準の開発にあたっての基本的な方針

ASBJは，時価算定会計基準の開発にあたって，適用範囲（本章3参照）を除き，IFRS第13号の定めを基本的にすべて取り入れる方針とした（時価算定会計基準第24項参照)。これは，統一的な算定方法を用いることにより，国内外の企業間における財務諸表の比較可能性を向上させる観点を重視したためである。IFRS第13号の表現を一部見直したものもあるが，相場価格を調整せずに時価として用いる場合における当該相場価格もインプットに含まれる旨をインプットの定義に記載するなど（第２章4 **4** 参照)，市場関係者の理解に資するためのものであり，IFRS第13号の内容と異なる定めを設けることを意図したものではない。ただし，これまで我が国で行われてきた実務等に配慮し，財務諸表間の比較可能性を大きく損なわせない範囲で，個別項目に対するその他の取扱いを定めている。

3　用語としての「時価」の使用

IFRS第13号およびTopic 820では「Fair Value（公正価値)」という用語が用いられているが，時価算定会計基準では「時価」という用語が用いられている。これは，我が国における関連諸法規において時価という用語が広く用いられており，類似の概念について複数の用語が存在することにより，市場関係者に混乱を及ぼす可能性があること等を配慮したものである（時価算定会計基準第25項参照）。また，IFRS第13号およびTopic 820における「Measurement（測定）」に対応する用語として「算定」という用語が用いられている。本書では，以後，「時価」および「算定」という用語を用いる。

2 目　　的

時価算定会計基準は，時価算定会計基準の範囲（本章3参照）に定める時価の算定について定めることを目的としている（時価算定会計基準第1項）。

時価算定会計基準は，どのような場合に資産，負債または払込資本を増加させる金融商品を時価で算定すべきかを定めるものではない（時価算定会計基準第28項）。時価を算定すべきかどうかは，他の会計基準の定めに従うことになる。

3 範　　囲

1　国際的な会計基準との相違

時価算定会計基準は，以下の項目の時価に適用される（時価算定会計基準第3項）。

(1)　金融商品会計基準における金融商品
(2)　棚卸資産会計基準におけるトレーディング目的で保有する棚卸資産

IFRS第13号またはTopic 820では，これとは逆に，他のすべてのIFRSまたはUS GAAPが時価の算定またはその開示を要求または許容している場合に適用されると定めたうえで，例外的に適用されない項目を定めている。これは，IASBおよびFASBにおける時価の算定に関する会計基準を開発する目的が，個々の会計基準において規定が定められていた時価の算定および開示の首尾一貫性を高めることにあったためである。

しかし，ASBJが時価算定会計基準を開発した目的は，国際的な会計基準と整合させることにより国際的な企業間の財務諸表の比較可能性を向上させる便益を高めることにあった。日本基準において金融商品以外の資産および負債について時価により測定することが要求される状況は，企業結合時等に限定されており，時価について詳細なガイダンスを求める意見は多くは聞かれていなかった。そのため，金融商品以外の資産および負債については，金融商品に比して国際的に整合性を図る必要性は高くないと考え，これらを時価算定会計基準の範囲に含めた場合の整合性を図るためのコストと便益を考慮し，原則として，金融商品以外の資産および負債は時価算定会計基準の範囲に含めないことになった（時価算定会計基準第26項参照）。

2　金融商品会計基準および棚卸資産会計基準以外の会計基準において定められている時価の算定

時価算定会計基準第３項では，「金融商品会計基準における金融商品」および「棚卸資産会計基準におけるトレーディング目的で保有する棚卸資産」の時価に適用するとされている。これは，金融商品会計基準および棚卸資産会計基準に定められている範囲における時価にのみ適用されるという意味ではなく，他の会計基準において，金融商品またはトレーディング目的で保有する棚卸資産の時価の算定が定められている場合には，当該時価の算定にも適用されるという意味である。

例えば，その額を期末における時価により計算することとされている年金資産（企業会計基準第26号「退職給付に関する会計基準」第22項参照）を構成する金融商品の時価の算定にも時価算定会計基準が適用される（時価算定会計基準第26項参照）。

3　棚卸資産の時価

棚卸資産のうち，トレーディング目的で保有する棚卸資産は，時価をもって貸借対照表価額とし，帳簿価額との差額（評価差額）は，当期の損益として処理することが求められている（棚卸資産会計基準第15項）。当該時価は，時価算定会計基準の範囲に含まれる。これは，貸借対照表に時価で計上され，評価差額が当期の損益に影響を及ぼす点については，売買目的有価証券と同じであることから，時価の算定についても金融商品と整合性を図ることが適切と考えられたからである（時価算定会計基準第27項参照）。

棚卸資産のうち，通常の販売目的で保有する棚卸資産については，期末における正味売却価額が取得原価よりも下落している場合には，当該正味売却価額をもって貸借対照表価額とすることとされている（棚卸資産会計基準第7項）。

正味売却価額とは，売価から見積追加製造原価および見積販売直接経費を控除した額をいう（棚卸資産会計基準第5項）。売価とは，購買市場と売却市場とが区別される場合における売却市場の時価である（棚卸資産会計基準第5項）が，これは，時価算定会計基準の範囲に含まれていない。

「売却市場」とは，当該資産を売却する場合に企業が参加する市場と定義されており（棚卸資産会計基準第5項），正味売却価額を算定するために用いる売価は時価算定会計基準における時価と整合する出口価格（第2章4 1参照）であるようにも見受けられる。しかし，ASBJの審議資料では，棚卸資産会計基準における売価についての深い考察はなく，IFRS第13号では適用対象外とされている旨が記載されている（2018年3月26日開催第381回企業会計基準委員会審議事項5．の審議資料「審議(5)-2 国際的な会計基準と整合を図ることに対する必要性の検討（金融商品以外）」参照）。

正確にいうと，IFRSにおいて棚卸資産の会計処理を定めているIAS第2号「棚卸資産」（以下「IAS第2号」という。）では，棚卸資産会計基準にいう「正味売却価額」とは厳密には異なる「正味実現可能価額（Net realisable value）」が用いられ，棚卸資産は，原価と正味実現可能価額とのいずれか低いほうの金額で測定することが要求されている（IAS第2号第9項）。

正味実現可能価額とは，通常の事業の過程における見積売価から，完成前に要する原価の見積額および販売に要するコストの見積額を控除した額をいい（IAS第2号第6項），見積売価の算定は，保有目的も考慮に入れた企業固有の見積りによるものである（IAS第２号第31項参照)。そのため，IFRS第13号では，時価と類似性はあるが時価ではないものとして，適用対象外とされている（IFRS第13号BC20項参照)。

4　仮想通貨[2]の時価

仮想通貨交換業者および仮想通貨利用者は，保有する仮想通貨（仮想通貨交換業者が預託者から預かった仮想通貨を除く。以下同じ。）について，活発な市場が存在する場合，市場価格に基づく価額をもって当該仮想通貨の貸借対照表価額とし，帳簿価額との差額は当期の損益として処理することが求められている（実務対応報告第38号「資金決済法における仮想通貨の会計処理等に関する当面の取扱い」（以下「実務対応報告第38号」という。）第５項)。

ここで，市場価格として仮想通貨取引所または仮想通貨販売所で取引の対象とされている仮想通貨の取引価格を用いるときは，保有する仮想通貨の種類ごとに，通常使用する自己の取引実績の最も大きい仮想通貨取引所または仮想通貨販売所における取引価格を用いることとされている（実務対応報告第38号第９項)。

貸借対照表に時価で計上され，評価差額が当期の損益に影響を及ぼす点については，売買目的有価証券と同じであるが，ASBJは，実務対応報告第38号第９項は，実務上の配慮から，取引が行われる市場の仮定（第２章⑥**4**参照）について時価算定会計基準（時価算定適用指針）と整合しない定めをあえて設けており[3]，現時点で見直す必要性は乏しいと考えられることを，時価算定会計基

2　2019年６月７日に公布，2020年５月１日に施行された「情報通信技術の進展に伴う金融取引の多様化に対応するための資金決済に関する法律等の一部を改正する法律」により改正された「資金決済に関する法律」では，「暗号資産」と規定されている。

3　現時点では，海外も含めた各仮想通貨取引所または仮想通貨販売所の取引量を網羅的に把握し，取引が最も活発に行われている仮想通貨取引所または仮想通貨販売所における取引価格等を決定することは困難であると考えられるため，通常使用する自己の取引実績の最も大きい仮想通貨取引所または仮想通貨販売所における取引価格等を市場価格として使用することとされている（実務対応報告第38号第49項)。

準の範囲に含めなかった理由として挙げている。

5　不動産の時価

時価算定会計基準第26項においては，賃貸等不動産の時価の開示（企業会計基準第20号「賃貸等不動産の時価等の開示に関する会計基準」）や企業結合における時価を基礎とした取得原価の配分（企業会計基準第21号「企業結合に関する会計基準」第28項）を例に挙げて，前者は，貸借対照表には時価で計上されず損益にも影響を及ぼさないこと，後者は，当初認識時のみの処理であり，毎期時価の算定が求められるわけではないことなどから，金融商品に比して国際的に整合性を図る必要性は高くないと考えられるとしている。

しかしながら，むしろ，「固定資産の減損に係る会計基準注解」（注１）に定められている回収可能価額としての正味売却価額を算定するための資産または資産グループの時価や，金融商品実務指針第114項および第117項に定められている財務内容評価法による貸倒懸念債権および破産更生債権等の貸倒見積高の算定における担保の処分見込額を算定するための担保の時価の算定は，当期の損益に重要な影響を及ぼす可能性があることから，国際的な企業間の財務諸表の比較可能性を向上させる必要性が高いはずである。ASBJは，これらの時価の算定を範囲に含めなかった合理的な理由を明らかにしておらず，真の理由は，国際的に整合性を図るためのコストと便益の考慮にあると考えられる。

なお，開示すべき賃貸等不動産の時価および固定資産の減損における正味売却価額を算定するための不動産の時価は，市場価格が観察できない場合には，「不動産鑑定評価基準」（国土交通省）による方法（または類似の方法）に基づいて算定するものとされている（企業会計基準適用指針第23号「賃貸等不動産の時価等の開示に関する会計基準の適用指針」第11項および企業会計基準適用指針第６号「固定資産の減損に係る会計基準の適用指針」第28項⑵①参照）。「不動産鑑定評価基準」では，不動産の鑑定評価によって求める価格は，基本的には正常価格であるとされている。

「正常価格」とは，市場性を有する不動産について，現実の社会経済情勢の下で合理的と考えられる条件を満たす市場で形成されるであろう市場価値を表示する適正な価格をいい,「現実の社会経済情勢の下で合理的と考えられる条件を満たす市場」とは,以下の条件を満たす市場をいう(「不動産鑑定評価基準」総論第5章第3節1.参照)。

(1) 市場参加者が自由意思に基づいて市場に参加し,参入,退出が自由であること。なお,ここでいう市場参加者は,自己の利益を最大化するため次のような要件を満たすとともに,慎重かつ賢明に予測し,行動するものとする。
① 売り急ぎ,買い進み等をもたらす特別な動機のないこと。
② 対象不動産および対象不動産が属する市場について取引を成立させるために必要となる通常の知識や情報を得ていること。
③ 取引を成立させるために通常必要と認められる労力,費用を費やしていること。
④ 対象不動産の最有効使用を前提とした価値判断を行うこと。
⑤ 買主が通常の資金調達能力を有していること。
(2) 取引形態が,市場参加者が制約されたり,売り急ぎ,買い進み等を誘引したりするような特別なものではないこと。
(3) 対象不動産が相当の期間市場に公開されていること。

上記(1)④の「最有効使用」とは,その不動産の効用が最高度に発揮される可能性に最も富む使用であり,「不動産鑑定評価基準」では,不動産の価格は,最有効使用を前提として把握される価格を標準として形成されるとしている。

IFRS第13号においても,非金融資産の公正価値測定には,当該資産の最有効使用を行うことを考慮に入れることが要求されている(IFRS第13号第27項)。IFRS第13号における「最有効使用」とは,市場参加者による非金融資産の使用のうち,当該資産または当該資産が使用される資産と負債のグループ(例えば,事業)の価値を最大化するものであり(IFRS第13号付録A),「不動産鑑定評価基準」における「最有効使用」と同様の概念と考えられる。

ASBJは,市場参加者(第2章4 2参照)の観点および最有効使用を前提とした「不動産鑑定評価基準」に基づく正常価格は,IFRS第13号における時価に類似する可能性があると考えられるとしている(2018年3月26日開催第381回企業会計基準委員会審議事項5.の審議資料「審議(5)-2国際的な会計基準と整合を図ることに対する必要性の検討（金融商品以外）」参照）。

6　時価に類似するが時価ではない項目

時価算定会計基準は，金融商品の時価に類似するものであっても，会計基準上，時価とされていないものには，当然のことながら適用されない。金融商品の時価に類似するが，会計基準上，時価とされていないものには，以下のようなものがある。

①　ストック・オプションの公正な評価額

ストック・オプションの各会計期間における費用計上額は，ストック・オプションの公正な評価額のうち，対象勤務期間を基礎とする方法その他の合理的な方法に基づき当期に発生したと認められる額とされている（企業会計基準第8号「ストック・オプション等に関する会計基準」（以下「ストック・オプション会計基準」という。）第5項）。「公正な評価額」とは，市場において形成されている取引価格，気配値または指標その他の相場（市場価格）に基づく価額であり，市場価格がない場合における原資産の市場価格に基づく合理的に算定された価額を含む（ストック・オプション会計基準第2項⑿）。ストック・オプションの合理的な価額の算定には，広く受け入れられている算定技法を利用し，付与するストック・オプションの特性や条件等を適切に反映するよう必要に応じて調整を加えるが，失効の見込みについてはストック・オプション数に反映させるため，公正な評価単価（単位当たりの公正な評価額）の算定上は考慮しない（ストック・オプション会計基準第6項⑵）。また，ストック・オプションの予想残存期間の見積りに際しては，権利行使に関する従業員等の行動傾向（過去の実績から観察される権利行使の状況や時期，権利確定後の退職や満期時の権利失効等に関する傾向），従業員の年齢，勤続年数，職位等によって，これらの傾向に大きな差異が認められる場合には，これらのグループごとにこの要因を考慮することとされている（企業会計基準適用指針第11号「ストック・オプション等に関する会計基準の適用指針」第13項⑵）。

したがって，ストック・オプションの公正な評価額は時価ではない。なお，IFRS，US GAAP，それぞれの株式に基づく報酬に関する会計基準上の要求事項はストック・オプション会計基準と異なるものの，ストック・オプションの公正な評価額については，IFRS第13号およびTopic 820においても適用対象外とされている。

②　リース取引の現在価値

リース取引がファイナンス・リース取引に該当するかどうかの判定基準の1つとして現在価値基準が定められている（企業会計基準適用指針第16号「リース取引に関する会計基準の適用指針」（以下「リース適用指針」という。）第9項(1)）。また，所有権移転外ファイナンス・リース取引に係る借手がリース物件とこれに係る債務をリース資産およびリース債務として計上する場合の価額は，リース取引の現在価値とリース物件の貸手の購入価額等（貸手の購入価額等が明らかでない場合は見積現金購入価額）とのいずれか低い額によるものとされている（リース適用指針第22項）。

所有権移転外ファイナンス・リース取引の現在価値は，リース料総額（残価保証がある場合は，残価保証額を含む。以下同じ。）を割引率で割り引いた額である（リース適用指針第22項(1)）。当該リース取引が置かれている状況からみて借手が再リースを行う意思が明らかな場合を除き，再リースに係るリース期間またはリース料は，解約不能のリース期間またはリース料総額に含めない（リース適用指針第11項）。また，現在価値の算定に用いる割引率は，原則として，リース料総額とリース期間終了時に見積られる残存価額で残価保証額以外の額の合計額の現在価値が，当該リース物件の現金購入価額または借手に対する現金販売価額と等しくなるような利率（以下「貸手の計算利子率」という。）である（リース適用指針第22項(1)および第17項）。ただし，貸手の計算利子率を知り得ない場合は借手の追加借入に適用されると合理的に見積られる利率となる（リース適用指針第17項）。

このように算定される現在価値は，時価ではない。なお，IFRS，US GAAP，それぞれのリース取引に関する会計基準（IFRS第16号「リース」（以下「IFRS第16号」という。）およびASC Topic 842「リース」）上の要求事項はリース適用指針と異なるものの，これらの会計基準においても，リース取引の現在価値は，時価として扱われていない[4]。

③　市場価格のない株式等の実質価額

市場価格のない株式等（第7章5参照）については，発行会社の財政状態の悪化により実質価額が著しく低下したときは，相当の減額をなし，評価差額は当期の損失として処理しなければならない（金融商品会計基準第21項）。

財政状態とは，一般に公正妥当と認められる会計基準に準拠して作成した財務諸表を基礎に，原則として資産等の時価評価に基づく評価差額等を加味して算定した1株当たりの純資産額をいう（金融商品実務指針第92項）。通常は，この1株当たりの純資産額に所有株式数を乗じた金額が当該株式の実質価額であるが，会社の超過収益力や経営権等を反映して，1株当たりの純資産額を基礎とした金額に比べて相当高い価額が実質価額として評価される場合もある（金融商品実務指針第92項）。

実質価額が第三者による鑑定価額または一般に認められた株価算定方式による評価額に基づいて算定される場合には，時価に近いものとなると考えられるが，あくまでも時価ではなく実質価額として取り扱われる。これは，実務対応報告第10号「種類株式の貸借対照表価額に関する実務上の取扱い」Q3のA(1)に記載されている割引将来キャッシュ・フロー法やオプション価格モデルなどを利用した評価モデルによる価額も同様である。

一方，デット・エクイティ・スワップ実行時において，債権者は，消滅した債権の帳簿価額と取得した株式の時価の差額を当期の損益として処理し，当該株式を時価で計上するものとされている（実務対応報告第6号「デット・エク

4　IFRS第16号における公正価値の定義はIFRS第13号と異なり，IFRS第16号における貸手の会計処理の目的上，独立第三者間取引において，取引の知識がある自発的な当事者の間で，資産が交換され得るか，または負債が決済され得る金額とされている。

イティ・スワップの実行時における債権者側の会計処理に関する実務上の取扱い」(以下「実務対応報告第６号」という。) ２.)。

ここで算定する価額は，割引将来キャッシュ・フロー法やオプション価格モデルなどを利用した評価モデルによるとしても時価であり，実質価額ではない(実務対応報告第６号２．(注１) 参照) ため，時価算定会計基準の対象となる。

④ キャッシュ・フロー見積法による貸倒懸念債権の現在価値

債権の元本の回収および利息の受け取りに係るキャッシュ・フローを合理的に見積ることができる貸倒懸念債権については，債権の元本および利息について元本の回収および利息の受け取りが見込まれるときから当期末までの期間にわたり当初の約定利子率で割り引いた金額の総額と債権の帳簿価額との差額を貸倒見積高とする方法 (キャッシュ・フロー見積法) を採用することができる(金融商品会計基準第28項参照)。

キャッシュ・フロー見積法においては，見積将来キャッシュ・フローを債権の発生当初の約定利子率または取得当初の実効利子率で割り引いて現在価値を算定する (金融商品実務指針第115項) が，当該現在価値は見積時点の市場利子率に基づくものではないため，時価ではない。キャッシュ・フロー見積法は，債権を時価で評価し直すことを目的とするものではなく，債権の取得価額のうち当初の見積キャッシュ・フローからの減損額を算定することを目的とするものである (金融商品実務指針第299項)。

第2章

時価の算定に関する基本的な考え方

1 時価算定会計基準における時価の算定およびレベル別分類の手順

はじめに，時価算定会計基準による時価の算定および開示の枠組みを理解するために，時価算定会計基準における時価の算定およびレベル別分類の手順を示す。

手　順	適用される考え方（本書における参照項目）
1　時価を算定する資産または負債を識別する。	範囲（第1章3） 時価の算定単位（本章5） 市場参加者が考慮する資産または負債の特性（本章6 2）
2　特定の市場リスクまたは特定の取引相手先の信用リスクに関して金融資産および金融負債を相殺した後の正味の資産または負債を基礎として，当該金融資産および金融負債のグループを単位とした時価を算定する会計方針を採用するかどうかを決定する。	金融資産および金融負債のグループを単位とした時価の算定（本章5 3）
3　負債または払込資本を増加させる金融商品については，時価の算定日に市場参加者に移転されるものと仮定する。	負債または払込資本を増加させる金融商品の時価（第3章3）

4　時価の算定にあたって用いる市場における価格を識別する。	主要な市場，最も有利な市場（本章⑥4） 付随費用の調整（本章⑥5）
5　対象となる資産または負債は，現在の市場の状況を踏まえ，算定日に資産の売却または負債の移転を行う市場参加者間の秩序ある取引において交換されるものと仮定する。	市場参加者（本章④2，⑥6） 秩序ある取引（本章④3，⑥3）
6　適切な評価技法および関連するインプットを用いて時価を算定する。	評価技法（「第4章　評価技法」） インプット，観察可能なインプット，観察できないインプット，インプットの優先順位（本章④4，「第5章　評価技法へのインプット」，「第6章　レベル別分類」） 活発な市場（第6章②1） 資産または負債の取引の数量または頻度が著しく低下している場合（第3章①） 秩序ある取引ではない取引（第3章①3）
7　第三者から入手した相場価格を利用する場合，当該相場価格が会計基準に従って算定されたものであるかどうかを検討する。	第三者から入手した相場価格の利用（第3章②）
8　手順2において，金融資産および金融負債のグループを単位とした時価を算定する会計方針を採用する場合，手順6で算定された時価を，手順1で時価の算定単位として識別された資産または負債に配分する。	金融資産および金融負債のグループを単位とした時価の算定（本章⑤3）
9　時価を，その算定において重要な影響を与えるインプットが属するレベルに応じて，レベル1の時価，レベル2の時価またはレベル3の時価に分類する。	時価のレベル別分類（「第6章　レベル別分類」）

2 従来の金融商品会計基準における時価

改正前の金融商品会計基準では，第6項において，「時価とは公正な評価額をいい，市場において形成されている取引価格，気配又は指標その他の相場（以下「市場価格」という。）に基づく価額をいう。市場価格がない場合には合理的に算定された価額を公正な評価額とする。」とされている。また，改正前の金融商品実務指針では，第47項において，「「時価」とは，公正な評価額であり，取引を実行するために必要な知識を持つ自発的な独立第三者の当事者が取引を行うと想定した場合の取引価額である。」とされている。

IFRS第13号の定義との相違として，主に，以下の点が挙げられていた（2017年12月5日開催第374回企業会計基準委員会審議事項6．の審議資料「審議(6)－2 公正価値測定に関するガイダンス及び開示（金融商品）」参照）。

(1) IFRS第13号では，時価は，市場参加者の立場からの価格（出口価格）であることが明確にされているのに対して，日本基準では，非上場デリバティブの時価評価（改正前金融商品実務指針第293項）を除き，時価が入口価格か出口価格かについて明示されていない。
(2) IFRS第13号では，時価が算定日時点の価格であることが明確にされているのに対して，日本基準では，どの時点の価格であるか明示されておらず，その他有価証券の決算時の時価（改正前金融商品会計基準（注7）および改正前金融商品時価等開示適用指針第26項）など，期末日時点ではない価格が認められている。
(3) IFRS第13号では，時価の算定において，市場参加者が当該資産または負債の価格付けを行う際に用いるであろう仮定を用いなければならないとされているのに対して，日本基準では，このような仮定に関する明示的な定めはない。
(4) IFRS第13号では，時価の算定にあたり観察可能なインプットを最大限利用し，観察できないインプットの利用を最小限にしなければならないとされているのに対して，日本基準では，時価としての「合理的に算定された価額」の算定にあたって，このようなインプットの優先順位に関する明示的な定めはない。

3 時価算定会計基準における基本的な考え方

時価算定会計基準における時価の算定に関する基本的な考え方は以下のとお

りである（時価算定会計基準第31項）。

(1) 時価の算定は，市場を基礎としたものであり，対象となる企業に固有のものではない。
(2) 時価は，直接観察可能であるかどうかにかかわらず，算定日における市場参加者間の秩序ある取引が行われると想定した場合の出口価格（資産の売却によって受け取る価格または負債の移転のために支払う価格）であり，入口価格（交換取引において資産を取得するために支払った価格または負債を引き受けるために受け取った価格）ではない。
(3) 同一の資産または負債の価格が観察できない場合に用いる評価技法には，関連性のある観察可能なインプットを最大限利用し，観察できないインプットの利用を最小限にする。
(4) 時価を算定するにあたっては，市場参加者が資産または負債の時価を算定する際の仮定を用いるが，資産の保有や負債の決済または履行に関する企業の意図は反映しない。

4 時価算定会計基準における時価

1 時価の定義

時価算定会計基準では，時価を，算定日において市場参加者間で秩序ある取引が行われると想定した場合の，当該取引における資産の売却によって受け取る価格または負債の移転のために支払う価格と定義している（時価算定会計基準第5項）。

この定義の最も重要な点は，資産を保有し，または負債を負っている市場参加者が，第三者にその資産を売却またはその負債を移転し得る出口価格であるということである。また，実際の売却ではなく，秩序ある取引（**3**参照）を仮想している。入手可能な市場の情報の程度は，資産および負債の種類により異なるが，観察可能な市場取引および市場情報が入手できない場合であっても，算定日現在の市場状況の下での市場参加者間での秩序ある資産売却または負債移転取引が行われると想定しなければならない。

2　市場参加者

「市場参加者」とは，資産または負債に関する主要な市場または最も有利な市場において，以下の要件のすべてを満たす買手および売手と定義されている(時価算定会計基準第4項(1))。

(1)　互いに独立しており，関連当事者[1]ではないこと
　ただし，関連当事者との取引が市場における条件で行われたという証拠を有している場合には，当該関連当事者との取引の価格を時価算定のインプット（**4**参照）として用いることができる（時価算定会計基準第30項）。
(2)　知識を有しており，すべての入手できる情報に基づき当該資産または負債について十分に理解していること
(3)　当該資産または負債に関して，取引を行う能力があること
(4)　当該資産または負債に関して，他から強制されるわけではなく，自発的に取引を行う意思があること

1　「関連当事者」とは，ある当事者が他の当事者を支配しているか，または，他の当事者の財務上および業務上の意思決定に対して重要な影響力を有している場合の当事者等をいい，以下に掲げる者をいう（企業会計基準第11号「関連当事者の開示に関する会計基準」（以下「関連当事者会計基準」という。）第5項(3))。
　①　親会社
　②　子会社
　③　財務諸表作成会社と同一の親会社を持つ会社
　④　財務諸表作成会社が他の会社の関連会社である場合における当該他の会社（以下「その他の関係会社」という。）ならびに当該その他の関係会社の親会社および子会社
　⑤　関連会社および当該関連会社の子会社
　⑥　財務諸表作成会社の主要株主およびその近親者
　⑦　財務諸表作成会社の役員およびその近親者
　⑧　親会社の役員およびその近親者
　⑨　重要な子会社の役員およびその近親者
　⑩　⑥から⑨に掲げる者が議決権の過半数を自己の計算において所有している会社およびその子会社
　⑪　従業員のための企業年金（企業年金と会社の間で掛金の拠出以外の重要な取引を行う場合に限る。）
　関連当事者会計基準第5項(3)なお書きには，「連結財務諸表上は，連結子会社を除く。また，個別財務諸表上は，重要な子会社の役員及びその近親者並びにこれらの者が議決権の過半数を自己の計算において所有している会社及びその子会社を除く。」と記載されているが，時価算定会計基準の適用においては考慮しないことが適切と考えられる。

3　秩序ある取引

「秩序ある取引」とは，資産または負債の取引に関して通常かつ慣習的な市場における活動ができるように，時価の算定日以前の一定期間において市場にさらされていることを前提とした取引と定義されている。他から強制された取引（例えば，強制された清算取引や投げ売り）は，秩序ある取引に該当しない(時価算定会計基準第4項(2))。

4　インプット

「インプット」とは，市場参加者が資産または負債の時価を算定する際に用いる仮定（時価の算定に固有のリスクに関する仮定を含む。）をいう。インプットには，相場価格を調整せずに時価として用いる場合における当該相場価格も含まれる（時価算定会計基準第4項(5))。

インプットには，観察可能なインプットと観察できないインプットがある(時価算定会計基準第4項(5))。「観察可能なインプット」とは，入手できる観察可能な市場データに基づくインプットである（時価算定会計基準第4項(5)①)。時価算定会計基準および時価算定適用指針には「観察可能」の意味が記載されていないが，IFRS第13号の付録Aに示されている定義の中では，「入手可能な市場データ（実際の事象または取引に関する公開されている情報）を基礎として設定されたインプット」と表現されている。「観察できないインプット」とは，観察可能な市場データではないが，入手できる最良の情報に基づくインプットである（時価算定会計基準第4項(5)②)。

時価の算定に評価技法（「第4章　評価技法」参照）を用いるにあたっては，関連性のある観察可能なインプットを最大限利用し，観察できないインプットの利用を最小限にすることが要求される（時価算定会計基準第8項)。ただし，状況によっては，観察可能なインプットのみを利用するだけでは時価を適切に算定することにはならず，観察可能なインプットを調整しなければならないことがある。

すなわち，この主旨は，観察可能なインプットのうち関連性のあるものを最大限利用するということであり，インプットの観察可能性がインプットを選択する際に適用される唯一の判断規準であることを意味しているのではない（時価算定会計基準第31項(3)参照）。

インプットについては，「第5章　評価技法へのインプット」および「第6章　レベル別分類」において詳細に説明する。

5 時価の算定単位

1　時価の算定単位の原則

資産または負債の時価を算定する単位は，それぞれの対象となる資産または負債に適用される会計処理または開示によるものとされている（時価算定会計基準第6項）。

時価算定会計基準は，何を時価で算定するかについて定めるものではなく，時価をどのように算定するかについて定めている。金融商品会計基準第52項では，「金融資産，金融負債及びデリバティブ取引に係る契約を総称して金融商品ということにする」とされており，通常，会計処理を行う単位は個々の契約である。

したがって，金融商品については，通常，個々の金融商品が時価の算定の対象となる[2]（時価算定会計基準第32項）が，一定の要件を満たす場合に，特定の市場リスクまたは特定の取引相手先の信用リスクに関して金融資産および金融負債を相殺した後の正味の資産または負債を基礎として，当該金融資産および金融負債のグループを単位とした時価を算定することの選択が認められている

2　ただし，企業会計基準適用指針第17号「払込資本を増加させる可能性のある部分を含む複合金融商品に関する会計処理」または企業会計基準適用指針第12号「その他の複合金融商品（払込資本を増加させる可能性のある部分を含まない複合金融商品）に関する会計処理」に基づいて複合金融商品を区分して処理する場合には，区分した会計処理の単位で時価を算定する。

（3参照）。

2　子会社株式および関連会社株式

個別財務諸表において，子会社株式および関連会社株式は，取得原価をもって貸借対照表価額とする（金融商品会計基準第17項）が，株式が市場において取引されている場合は，時価が著しく下落したときに，回復する見込みがあると認められる場合を除き，時価をもって貸借対照表価額とし，評価差額は当期の損失として処理（減損処理）しなければならない（金融商品会計基準第19項および第20項参照）。

この場合の時価は，改正前の金融商品会計基準および金融商品実務指針においては，「市場価格に基づく価額」，すなわち，株式の市場価格に株式数を乗じた価額（以下「Ｐ×Ｑ」という。）と解されてきた。

かつて，この取扱いについて，継続保有を前提とする子会社株式および関連会社株式の場合は，投資先の将来事業計画に基づく本源的価値等のほうが回復可能性の判断において質的に重要と考えられることから，市場価格のみが減損処理の判断規準ではない点をより明確にすることが，新規テーマの検討の要望として基準諮問会議に提案されたことがある。

基準諮問会議の事務局による検討では，形式的には金融商品であるが，実質的には固定資産と同様に，事業と組み合わせた価値を期待していることから，これを重視した場合には，企業の観点から測定した使用価値を用いて減損の判定および会計処理を行うことも，必ずしも否定されないとの考えが示されていた（2015年3月18日開催第23回基準諮問会議議題1．の資料「資料(1)-2　テーマ評価　金融商品会計における上場関係会社株式の減損の取扱い」（以下「第23回基準諮問会議資料」という。）第9項参照）。

ただし，この論点は時価ではなく回復可能性の判断に関するものであり，時価が取得原価に比べて50％程度以上下落した場合における「合理的な反証」の余地の問題である（金融商品実務指針第91項参照）。「合理的な反証」には，市場価格動向とは別に，投資先の将来の事業計画等に基づく価値に基づいた回復可能性の評価による「時価が取得原価まで回復する見込みがある」ことに関する合理的な説明も含まれると考えられる（第23回基準諮問会議資料第13項および第16項参照）ため，ASBJの新規テーマとして取り扱わないこととなった。

これは，時価の算定単位の問題として捉えることもできる。すなわち，子会社株式および関連会社株式の時価の算定単位は個々の株式ではなく保有株式全体であり，Ｐ×Ｑに，投資先に対する支配または重要な影響力に対して支払われるプレミアムを反映して調整すべきではないかということである（この調整は観察できないインプットを用いることになる。）。

しかし，時価算定会計基準では，資産または負債の時価を算定する単位は，それぞれの対象となる資産または負債に適用される会計処理または開示によるものとされている（時価算定会計基準第６項）。市場において取引されている子会社株式および関連会社株式の減損処理における時価の算定単位について，時価算定会計基準の公表に伴う金融商品会計基準および金融商品実務指針の改正は行われていないことから，従来と同じく，子会社株式および関連会社株式の時価を，Ｐ×Ｑに投資先に対する支配または重要な影響力に対して支払われるプレミアムを反映して調整することは認められないと考えられる。

時価算定適用指針第８項では，レベル１のインプット（第６章２参照）を用いる場合を除き，他の企業の持分を支配するにあたって支配プレミアムを時価の算定に反映することとされているが，上記は個別財務諸表上の減損処理における時価の算定単位の問題である。したがって，市場において取引されている子会社株式および関連会社株式の相場価格のインプットとしてのレベル（レベル１またはレベル２）にかかわらず支配プレミアムは時価の算定に反映しないものと考えられる（インプットのレベルについては「第６章レベル別分類」参照）。

3　金融資産および金融負債のグループを単位とした時価

①　適用範囲

以下の要件のすべてを満たす場合には，特定の市場リスク（市場価格の変動に係るリスク）または特定の取引相手先の信用リスク（取引相手先の契約不履行に係るリスク）に関して金融資産および金融負債を相殺した後の正味の資産または負債を基礎として，当該金融資産および金融負債のグループを単位とした時価を算定することができる（時価算定会計基準第７項）。

⑴　企業の文書化したリスク管理戦略または投資戦略に従って，特定の市場リスクまたは特定の取引相手先の信用リスクに関する正味の資産または負債に基づき，当該金融資産および金融負債のグループを管理していること
⑵　当該金融資産および金融負債のグループに関する情報を企業の役員（関連当事者会計基準第５項⑺で定義されている「役員」であり，取締役，会計参与，監査役，執行役またはこれらに準ずる者をいう。）に提供していること
⑶　当該金融資産および金融負債を各決算日の貸借対照表において時価評価していること
⑷　特定の市場リスクに関連してこの定めに従う場合には，当該金融資産および金融負債のグループの中で企業がさらされている市場リスクがほぼ同一であり，かつ，当該金融資産および金融負債から生じる特定の市場リスクにさらされている期間がほぼ同一であること
⑸　特定の取引相手先の信用リスクに関連してこの定めに従う場合には，債務不履行の発生時において信用リスクのポジションを軽減する既存の取決め（例えば，取引相手先とのマスターネッティング契約や，当事者の信用リスクに対する正味の資産または負債に基づき担保を授受する契約）が法的に強制される可能性についての市場参加者の予想を時価に反映すること

これは，金融資産および金融負債のグループの管理について，市場リスクまたは信用リスクのいずれかに対する金融資産および金融負債を相殺した後の正味の資産または負債を基礎として行っている場合に，例外的な取扱いを認めるものである（時価算定会計基準第33項）。この取扱いの適用にあたっては，以下の事項に留意する必要がある。

- 特定のグループについて毎期継続して適用し，重要な会計方針として注記する（時価算定会計基準第７項）。
- 金融資産および金融負債のグループを単位とした時価は，市場参加者が算定日において正味の資産または負債の時価を算定する方法と整合的に算定する（時価算定会計基準第33項）。
- 金融資産と金融負債の貸借対照表における相殺表示（金融商品実務指針第140

項）に適用されるものではない（時価算定会計基準第34項）。
- グループを単位として算定した時価の調整をグループ内の個々の金融資産および金融負債の時価に配分する場合には，状況に応じた合理的な方法を毎期継続して適用する（時価算定会計基準第34項）。
- 特定の市場リスクに適用するにあたっては，特定の市場リスクに対する金融資産および金融負債を相殺した後の正味の資産または負債について，買気配と売気配の間の適切な価格を適用する（時価算定会計基準第35項）（第5章4参照）。

グループを単位として算定した時価の調整をグループ内の個々の金融資産および金融負債の時価に配分する「状況に応じた合理的な方法」について，時価算定会計基準および時価算定適用指針には，何も述べられておらず，IFRS第13号においても同様である。IFRS第13号の結論の根拠には，特定の配分方法を要求しないことを決定した理由として，「どのような配分方法も本質的に主観的であるが，合理的で継続的に適用されるのであれば，定量的な配分が適切だと結論を下した。」（IFRS第13号BC131項）と記載されている。

グループを単位として算定した時価の調整は，資産または負債の時価の算定に用いられるインプットである。したがって，それが観察できないインプットであり，個々の資産または負債の時価の算定に重要な影響を与える場合，当該時価はレベル3の時価となる（時価のレベルについては「第6章　レベル別分類」参照）。

現状，上記の要件を満たす金融資産および金融負債は，売買目的有価証券およびデリバティブ取引のみのグループまたはヘッジ対象とされているその他有価証券およびヘッジ手段（デリバティブ取引または売付有価証券）のグループに限られると考えられる。なぜなら，当該金融資産および金融負債を各決算日の貸借対照表において時価評価していることが要件とされているためである。

金利スワップの特例処理および為替予約等の振当処理（予定取引をヘッジ対象としている場合を除く。）については，ヘッジ手段とヘッジ対象を一体として，当該ヘッジ対象の時価に含めて注記することができる（金融商品時価等開示適用指針第4項(3)②）が，貸借対照表において時価評価されないため，時価算定会計基準第7項の適用対象にはならないと考えられる。

②　特定の市場リスクに関する適用

特定の市場リスクに関する適用の例は，買呼値（ビッド価格）と売呼値（アスク価格）（それぞれ，ディーラー市場においてディーラーが進んで買う価格と売る価格）の調整である。

例えば，デリバティブを大量に保有する企業において，まず，同一の基礎リスクを有するデリバティブ取引の買契約（ロング）と売契約（ショート）双方の時価を，買呼値と売呼値の仲値を用いて算定する。算定日において，買契約が売契約を超過する場合（ネット・ロング・ポジション）には，当該超過した部分（オープン・ポジション）を買呼値に，売契約が買契約を超過する場合（ネット・ショート・ポジション）には，当該超過した部分（オープン・ポジション）を売呼値に調整する。グループを単位として算定した時価の調整をグループ内の個々の金融資産および金融負債の時価に配分する場合には，状況に応じた合理的な方法を毎期継続して適用する。

時価算定会計基準第11項(1)では，レベル１のインプットが利用できる場合には，原則として，当該価格を調整せずに時価の算定に使用するものとされており，グループを単位として算定した時価の調整は，レベル１のインプットに対して認められる調整（時価算定適用指針第11項参照）とされていない（インプットのレベルについては第６章[1]参照）。

しかし，買呼値と売呼値が，企業が入手できる活発な市場における同一の資産または負債に関する相場価格（すなわち，レベル１のインプット）である場合（第６章[5] 2参照）においても，ネットのオープン・ポジションを無調整の買呼値または売呼値に調整するのであれば，時価算定会計基準第11項(1)には反しないと考えられる。

特定の市場リスクに関連して金融資産および金融負債を相殺した後の正味の資産または負債を基礎として，当該金融資産および金融負債のグループを単位とした時価を算定する場合には，当該金融資産および金融負債のグループの中で企業がさらされている市場リスクがほぼ同一であり，かつ，当該金融資産および金融負債から生じる特定の市場リスクにさらされている期間がほぼ同一であることが必要である（①参照）。この点について，IFRS第13号には，以下のようなことが述べられている。

- 例えば，金融資産に関する金利リスクを金融負債に関する商品価格リスクと合算することはしない。そのようにしても金利リスクと商品価格リスクに対する企業のエクスポージャー（リスクにさらされている部分）は軽減されないからである（IFRS第13号第54項）。
- 市場リスク変数が同一でないことにより生じるベーシス・リスクを，そのグループの中の金融資産と金融負債の時価の算定において考慮しなければならない（IFRS第13号第54項）。
- 金融資産と金融負債から生じる特定の市場リスクに対する企業のエクスポージャーのデュレーションは，ほぼ同じでなければならない。例えば，12カ月物の先物契約を，５年物の金融資産および金融負債のみで構成されるグループの中の金融商品に係る金利リスク・エクスポージャーの12カ月分に関連するキャッシュ・フローに対して使用する企業は，12カ月の金利リスクに対するエクスポージャーを純額ベースで算定し，残りの金利リスク・エクスポージャー（すなわち，２年から５年）を総額ベースで算定する（IFRS第13号第55項）。

③　特定の取引相手先の信用リスクに関する適用

特定の取引相手先の信用リスクに関する適用の一般的な例は，信用評価調整である。デリバティブを大量に保有する企業においては，マスターネッティング契約（１つの契約について債務不履行等の一括清算事由が生じた場合に，契約の対象となるすべての取引について，単一通貨の純額で決済することとする契約）に従って，ある特定の取引相手先との個々のデリバティブ取引により生じる正味の債権と個々のデリバティブ取引により生じる正味の債務をネットすることにより算定したエクスポージャーに特定の取引相手先の信用リスクの影響を反映することがある。

信用評価調整は，企業が特定の取引相手先に対し正味信用リスク・エクスポージャーを有している（すなわち，企業が特定の取引相手先に対し純額の債権を有する）場合は，CVA（Credit Valuation Adjustment）または「ポジティブCVA」といい，特定の取引相手先が企業に対し正味信用リスク・エクスポージャーを有している（すなわち，企業が特定の取引相手先に対し純額の債務を負っている）場合は，DVA（Debit Valuation Adjustment）または「ネガティブCVA」という（評価技法については第4章7参照）。

特定の取引相手先の債務不履行発生時に，契約の対象となるすべての取引について，単一通貨の純額で決済することが要求される契約がある場合，当該取引相手先との正味信用リスク・エクスポージャーを当該取引相手先との契約に基づく金融資産および金融負債のグループの時価の算定に反映することは，当該契約が法的に強制される可能性についての市場参加者の予想を時価に反映することになり，時価算定会計基準第7項(5)の要件を満たす。

この場合，当該金融資産および金融負債のグループを単位とした時価を算定すると，個々の金融資産および金融負債の時価の算定に信用リスクを含めたときに比べて，当該金融資産および金融負債のグループの時価の算定に含まれる信用リスクの影響は減少する。

④　グループを単位として算定した時価の調整の個々の金融資産および金融負債の時価への配分

金融資産および金融負債のグループを単位として算定した時価の調整は，状況に応じた合理的な方法により，グループ内の個々の金融資産および金融負債の時価に配分する（設例1参照）。

特定の取引相手先の信用リスクに関連する金融資産および金融負債のグループを単位として算定した時価の調整が観察できないインプットに基づくものである場合，当該調整を配分した時価のレベルを決定する際，配分された時価の調整金額が，個々の契約の時価の算定に重要な影響を与えるかどうかを判定しなければならない（時価のレベルについては「第6章　レベル別分類」参照）。

設例1　特定の取引相手先とのデリバティブのグループを単位とした時価の算定

1．前提条件

(1)　企業Aは，文書化したリスク管理戦略または投資戦略に従って，マスターネッティング契約を締結している特定の取引相手先とのデリバティブ取引について，当該取引相手先の信用リスクに関する正味の資産または負債に基づき，当該デリバティブ取引（金融資産および金融負債）のグループを管理している。

(2)　企業Ａは，当該デリバティブ取引のグループに関する情報を役員に提供している。

(3)　企業Ａは，当該デリバティブ取引を各決算日の貸借対照表において時価評価している。

２．特定の取引相手先とのデリバティブのグループを単位とした時価

企業Ａは，特定の取引相手先とのマスターネッティング契約が法的に強制される可能性についての市場参加者の予想を時価に反映して，当該取引相手先とのデリバティブ取引のグループを単位とした時価を以下のとおり算定した。

（単位：百万円）

契約B	100
契約C	200
契約D	▲175
調整前時価純額	125
信用評価調整（CVA）	▲10
グループを単位とした時価	115

会計処理を行う単位は個々のデリバティブ契約である。したがって，10百万円のCVAを，このグループ内の個々のデリバティブ取引により生じる正味の債権および債務の時価に配分しなければならない。

例えば，10百万円のCVAを正味の債権となっている契約（契約ＢおよびＣ）の調整前時価を基礎として配分することが考えられる。その場合，契約Ｂおよび契約Ｃの時価は，それぞれ以下のとおりとなる。

契約Ｂの時価：97百万円

100百万円－100百万円÷（100百万円＋200百万円）×10百万円

契約Cの時価：193百万円

200百万円－200百万円÷（100百万円＋200百万円）×10百万円

この状況に応じた合理的な方法は，上記に限らないが，毎期継続して適用することが求められる。

上に示したCVAの配分において，契約Bおよび契約Cの調整前時価が，観察可能なインプットを用いて算定されているとしても，CVAが観察できないインプットに基づくものであり，CVAの配分額がCVA配分後の契約Bおよび契約Cの時価の算定に重要な影響を与える場合，当該時価はレベル3の時価となる。

---

6 時価の算定の前提

1 時価の算定の前提とされる事項

時価は，その定義に従って算定する必要があるが，時価算定適用指針第4項には，以下の項目について，その基礎となる前提が定められている。

(1) 資産または負債の特性の考慮
(2) 秩序ある取引における交換
(3) 主要な市場または最も有利な市場で行われる資産または負債の移転
(4) 経済的利益を最大化する市場参加者の行動
(5) 付随費用の調整
(6) 取引価格が当初認識時の時価を表すものではない可能性がある状況

2 資産または負債の特性の考慮

資産または負債の時価を算定するにあたっては，市場参加者が算定日において当該資産または負債の時価を算定する際に考慮する当該資産または負債の特性（例えば，資産の所在地，当該資産の売却に対する制約）を考慮する（時価算定適用指針第4項(1))。

時価算定適用指針［設例5］では，売却が特定の期間にわたって法的に制約される有価証券（法律の制約により，売却先が限定される有価証券）の例が示されている。当該制約はこの有価証券の特性であり，市場参加者に移転される。このような有価証券の時価は，売却に関する制約がない点を除くと当該有価証券と条件が同様となる有価証券（市場で取引される同じ発行者の有価証券）があると仮定し，その相場価格に，当該制約の影響を反映するように調整して算定される。当該制約の影響に対する調整は，特定の期間にわたって市場を利用できないことに係るリスクの対価として市場参加者が要求する金額を反映するものであり，以下の要因を考慮する。

(1)　制約の性質およびその期間
(2)　買手が受ける制約の程度（例えば，売却先の数）
(3)　金融商品およびその発行者の双方に固有の定性的および定量的要因

上記の例とは逆に，資産を保有する企業に固有であり，市場参加者には移転されない制約は，時価を算定する際に考慮すべきではない。

例えば，借入金の担保として差し入れた資産は，保有する企業にとっては売却に制約がある。しかし，当該制約は市場参加者には移転されない。したがって，担保として差し入れられていることは，当該資産の時価の算定において考慮すべきではないと考えられる（逆に，負債である借入金の時価の算定には，担保として差し入れられている資産の不履行リスクへの影響を反映すべきであると考えられる（第3章③**5**③参照））。

資産の売却に対する制約が，資産の特性であり市場参加者に移転されるかどうかの評価にあたっては，判断が必要な場合がある。

3　秩序ある取引における交換

対象となる資産または負債は，現在の市場の状況を踏まえ，算定日に資産の売却または負債の移転を行う市場参加者間の秩序ある取引において交換されるものと仮定する（時価算定適用指針第4項(2))。

秩序ある取引の定義については本章4 3，秩序ある取引ではないことを示す状況については第3章1 3に記載している。

4　主要な市場または最も有利な市場で行われる資産または負債の移転

「主要な市場」とは，資産または負債についての取引の数量および頻度が最も大きい市場と定義されている（時価算定会計基準第4項(3)）。「最も有利な市場」とは，取得または売却に要する付随費用を考慮したうえで，資産の売却による受取額を最大化または負債の移転に対する支払額を最小化できる市場と定義されている（時価算定会計基準第4項(4)）。

資産を売却または負債を移転する取引は，企業が算定日において利用できる主要な市場で行われるものと仮定する。ただし，主要な市場が存在しない場合には，企業が算定日において利用できる最も有利な市場で行われるものと仮定する。反証できる場合を除き，企業が取引を通常行っている市場が，主要な市場または最も有利な市場と推定される（時価算定適用指針第4項(3)）。

この仮定の適用において留意を要する事項として，以下の点が挙げられる（時価算定適用指針第30項）。

(1)　主要な市場と最も有利な市場は同一であることが多いが，資産または負債に係る主要な市場がある場合には，他の市場における価格が有利となる可能性があるとしても，当該主要な市場における価格を表すように時価を算定する。
(2)　主要な市場は，対象となる資産または負債についての取引の数量または頻度に基づいて判断するものであり，特定の市場における企業の取引の数量または頻度に基づいて判断するものではない。
(3)　企業が利用できる主要な市場または最も有利な市場は，企業自身の判断に基づき決定するため，異なる活動を行う企業間では異なる可能性があり，同様に，市場参加者も企業間で異なる可能性がある。
(4)　主要な市場または最も有利な市場について，企業が利用可能である市場でなければならないが，当該市場での価格に基づいて時価を算定できるための条件として，算定日において特定の資産の売却または特定の負債の移転を行えることは必要ではない。

主要な市場または最も有利な市場を識別するために，すべての考えられる市場を網羅的に調査することまでは求められないが，合理的に利用可能なすべての情報を考慮に入れなければならない。主要な市場または最も有利な市場は，以下の手順で識別することが考えられる（設例2参照）。

- 算定日において企業が利用できる市場を識別する。
- 算定日において企業が利用できる市場が複数ある場合，どの市場が主要な市場または最も有利な市場の定義に合致するか評価する。

資産または負債に関する観察可能な市場が存在しない場合には，最も有利な市場を仮想して，当該市場における市場参加者の観点から，算定日において行われる取引に関する仮定を設定する必要がある。また，算定日において，資産の売却に対する制約により利用できる市場がない場合，当該制約がないと仮定して同一または類似の資産の主要な市場または最も有利な市場を識別し，当該市場における同一もしくは類似の資産の相場価格に基づき，または，当該制約が資産の特性である場合には相場価格に当該制約の影響を反映するように調整して，時価を算定することになる。

主要な市場または最も有利な市場は，状況の変化により変わり得る。企業が取引を通常行っている市場が，主要な市場または最も有利な市場と推定されるが，例えば，以下のような状況変化に留意すべきである。

- 市場の状況の重要な変化
- 他の市場と比較した取引の数量および頻度の減少
- 新たな市場の創設
- 特定の市場の利用可能性の変化（企業がある市場を利用できなくなる，または従来は利用できなかった市場を利用できるようになる）
- 主要な市場がない場合において，従来は最も有利と考えていた市場における取得または売却に要する付随費用を考慮した資産の売却による受取額または負債の移転に対する支払額の不利な方向への変動

これらの状況変化は，主要な市場または最も有利な市場が変化したか，主要な市場がもはや存在せず，最も有利な市場で資産を売却する，または負債を移転する取引が行われるものと仮定しなければならないことを示している可能性

がある。

また，市場が創設されたときには，店頭市場や相対市場であったとしても，取引の数量および頻度に関する情報が合理的に利用可能である限りは，当該情報を考慮すべきである。

5　付随費用の調整

時価の算定にあたって用いる主要な市場または最も有利な市場における価格は，取得または売却に要する付随費用について調整しない（時価算定適用指針第４項(5)）。取得または売却に要する付随費用は，資産または負債の特性ではなく，取引に固有のものであり，企業の取引の形態により異なるためである（時価算定適用指針第32項）。

所在地が資産の特性である場合には，当該資産を現在の所在地から当該市場に移動させるために生じる輸送費用について調整する（時価算定適用指針第４項(5)）。これは，金融商品ではなくトレーディング目的で保有する棚卸資産を想定したものである。

なお，資産または負債に関する最も有利な市場を識別するうえでは，取得または売却に要する付随費用を考慮する（設例２参照）。

設例２　主要な市場または最も有利な市場および取引に要する付随費用

１．前提条件

(1)　企業Ａは，期末日にトレーディング目的で保有する棚卸資産である現物商品Ｂの時価を算定する。

(2)　期末日において企業Ａが現物商品Ｂを売却するために利用できる市場は，市場Ｃおよび市場Ｄの２つである。企業Ａによる現物商品Ｂの取引の数量および頻度は，市場Ｄのほうが多い。

(3)　現物商品Ｂの所在地は現物商品Ｂの特性である。

(4)　期末日における現物商品Ｂの相場価格等

	市場C	市場D
売却により受け取る価額	25百万円	25百万円
市場への輸送費用	2百万円	1百万円
輸送費用調整後の価額	23百万円	24百万円
売却取引に係る付随費用	2百万円	2百万円
売却により受け取る純額	21百万円	22百万円

2．時価の算定

⑴　現物商品Ｂの取引の数量および頻度は市場Ｃのほうが多い場合

企業Ａによる現物商品Ｂの取引の数量および頻度は市場Ｄのほうが多いが，市場Ｃが主要な市場となる。

この場合，取引に係る付随費用は調整しないが，輸送費用を調整した23百万円が現物商品Ｂの時価となる。

⑵　現物商品Ｂの取引の数量および頻度は市場Ｃも市場Ｄも同程度である場合

主要な市場は存在しないことになるため，現物商品Ｂの時価は最も有利な市場における時価となる。

最も有利な市場とは，資産の売却による受取額（付随費用および輸送費用調整後）が最大となる市場であり，売却により受け取る純額は，市場Ｄのほうが市場Ｃよりも大きいため，最も有利な市場は市場Ｄとなる。

したがって，市場Ｄでの売却により受け取る価格に輸送費用を調整した24百万円が現物商品Ｂの時価となる。

6　経済的利益を最大化する市場参加者の行動

市場参加者が資産または負債の時価を算定する際に用いる評価技法およびインプットを用いて，市場参加者が自らの経済的利益を最大化するように行動すると仮定する（時価算定適用指針第４項⑷）。

この仮定の適用において留意を要する事項として，以下の点が挙げられる(時価算定適用指針第31項)。

> (1) 算定日現在の資産の売却または負債の移転に係る相場価格の情報を提供する市場がない場合でも，時価の算定にあたっては，当該資産または負債を保有する市場参加者の観点を考慮して，当該算定日に生じる取引を仮定する。
> (2) 市場参加者を想定するにあたっては，具体的な市場参加者を特定する必要はないが，次の要因を考慮して想定する。
> ① 対象となる資産または負債
> ② ①の資産または負債に関する主要な市場または最も有利な市場
> ③ ②の市場で企業が取引を行う市場参加者

企業は時価を算定するにあたって，市場参加者が使用するであろう仮定についての情報を入手した場合，たとえ当該仮定が適切ではないと考えたとしても，当該仮定を使用せずに企業自身のデータを用いることは適切ではない。

例えば，金融資産の時価を算定するために現在価値技法（第４章1 **4** 参照）を使用する場合，市場参加者の観点から，関連する観察可能なインプットが利用可能な場合は必ず観察可能でないインプットに優先して用いるべきである(設例３参照)。

また，時価の算定において使用される観察可能でないインプット（将来キャッシュ・フローの見積りや割引率に反映するリスク調整など）はすべて，算定日での現在の取引における資産の価格付けを行う際に市場参加者が使用するであろう仮定による見積りに基づくべきであると考えられる。

例えば，貸付金について，算定日において市場参加者間で秩序ある取引が行われると想定した場合，市場参加者は，貸付金の評価に借手の信用状態による影響を反映すると考えられる。したがって，貸手である企業は，貸付金の時価を算定するために現在価値技法を使用する場合，割引率に将来の借手の債務不履行に関する予想を反映するか，キャッシュ・フローに将来の借手の債務不履行に関する不確実性に係る仮定を反映することになる。

これは，当初認識時における時価の算定と金融商品時価等開示適用指針に基づく時価の開示の双方に共通する。

設例３　資産としての債券の時価の算定

１．前提条件

⑴　企業Ａは，企業Ｂが発行する社債Ｃをその他有価証券として保有している。

⑵　社債Ｃの相場価格は利用可能ではない。

⑶　企業Ａは，社債Ｃの時価を，現在価値技法を用いて算定する。

⑷　社債Ｃの時価を，現在価値技法を用いて算定するためには，インプットとしてデフォルト率に関する仮定が必要である。

⑸　デフォルト率の仮定は，現在の関連性のある観察可能な市場データ，例えば，企業Ｂの公開市場で取引される社債を参照して活発に取引されるクレジット・デフォルト・スワップ，アセット・スワップ・スプレッド（ベーシス・ポイントで表現された債券利回りとLIBORカーブとの差異），または最近の企業Ｂの社債発行時のスプレッドから容易に導くことができる。

２．時価の算定において使用するデフォルト率

企業Ａは，現在価値技法を用いるにあたって，関連性のある観察可能なインプットを最大限利用し，観察できないインプットの利用を最小限にしなければならない。したがって，デフォルトの仮定として，企業Ｂと類似した信用度を有する企業に関する自己の過去のデフォルト・データまたは自己のデフォルトの仮定（貸倒見積高の算定に用いる倒産確率など）のみを使用することはできない。企業Ａは，市場で観察可能な関連性のあるデフォルト率の仮定を使用すべきである。

7　取引価格が当初認識時の時価を表すものではない可能性がある状況

①　金融資産または金融負債の当初認識時の測定

金融資産または金融負債の当初認識は，当該金融資産または金融負債の時価により測定することが求められる（金融商品実務指針第29項）。したがって，時価算定会計基準は，時価をもって貸借対照表価額とすることが求められるか否かにかかわらず，すべての金融資産または金融負債の当初認識時に適用される。これは，市場価格のない株式等についても同様である（金融商品会計基準第19項）。

ただし，契約における対価が現金である場合に，重要な金融要素を含んでいないか，または，契約における取引開始日において，約束した財またはサービスを顧客に移転する時点と顧客が支払を行う時点の間が１年以内であると見込まれる営業債権については，例外として，時価ではなく，取引価格により当初測定されると考えられる（企業会計基準第29号「収益認識に関する会計基準」（以下「収益認識会計基準」という。）第46項および第56項から第59項参照）。

ここでいう取引価格とは，財またはサービスの顧客への移転と交換に企業が権利を得ると見込む対価の額（第三者のために回収する額を除く。）である（収益認識会計基準第８項）。

取引日において資産を取得する取引が，当該資産が売却される市場で行われる場合には，当初認識時の時価が取引価格と同一であることが多い（時価算定適用指針第４項(5)および第33項）。しかし，取引価格は交換取引において資産を取得するために支払った価格または負債を引き受けるために受け取った価格であり入口価格であるため，必ずしも時価と同一であるとは限らない（時価算定適用指針第33項）。取得した金融資産または引き受けた金融負債の時価が支払った対価または受け取った対価と異なる場合には，当該差額は，その取引の実態に応じて処理することになる（金融商品実務指針第243項）。

当該差額は，当事者間の財貨またはサービスの対価である可能性がある。金融商品実務指針第105項では，債権の支払日までの金利を反映して債権金額と異なる価額で債権を取得した場合，取得時に取得価額で貸借対照表に計上することとされているが，これは，取得価額が取得時の時価であることが前提となると考えられる。

②　取引価格が当初認識時の時価を表すものではない可能性がある状況における対応

取引価格が当初認識時の時価を表すものではない可能性がある場合，取引および資産または負債に固有の要因を考慮して，当初認識時の時価が取引価格と同一となるかどうかを判断する必要があると考えられる（時価算定適用指針第33項)。

以下の状況では，取引価格が当初認識時の時価を表すものではない可能性がある（時価算定適用指針第４項(6))。

(1)　取引が関連当事者（本章④２参照）間の取引であること (2)　取引が他から強制された取引であるか，または売手が当該取引価格を受け入れざるを得ないこと (3)　取引価格を表す単位が，時価を算定する資産または負債の単位と異なること (4)　取引が行われた市場が，主要な市場または最も有利な市場と異なること

③　関連当事者間の取引

取引が関連当事者間の取引であるという事実は，当該取引における取引価格が時価を表すものではないことを示唆する可能性がある。しかし，関連当事者間の取引における取引価格は，当該取引が市場の条件で行われたという証拠を企業が有している場合には，時価の算定に用いることができると考えられる。

当該取引が市場の条件で行われたという証拠としては，以下のいずれかを示すものが考えられる。

•交渉または時価の算定に第三者が関与していること •取引条件が，関連当事者ではない者との間の類似取引に関する市場データと整合していること •取引の当事者の一方が，他から取引を強制されているとの証拠がないこと（④参照)

④　取引の当事者の一方が他から強制されている取引

取引が他から強制された取引であるか，または売手が当該取引価格を受け入れざるを得ない状況として，売手が財務的に困難な状態にある場合や，売手が規制上または法的な要請から売却せざるを得ない場合が考えられる。

売手が破綻または破綻寸前であることおよび売手が規制上または法的な要請から売却せざるを得ないことは，時価算定適用指針第41項において，秩序ある取引ではないことを示す状況として例示されており（第3章[1] **3** 参照），取引が秩序ある取引でない場合には，当該取引における取引価格は時価ではない可能性がある。

⑤　取引価格を表す単位が時価を算定する資産または負債の単位と異なる取引

時価算定会計基準では，第7項に従い金融資産および金融負債のグループを単位とした時価を算定する場合を除き，資産または負債の時価を算定する単位は，それぞれの対象となる資産または負債に適用される会計処理または開示によるものとされており，金融商品については，通常，個々の金融商品が時価の算定の対象となる（本章[5] **1** 参照）。

取引価格が，資産または負債の時価を算定する単位と異なる単位で決定されている場合，当該取引価格は時価ではない可能性がある（設例4参照）。

設例4　資産または負債の時価を算定する単位と異なる単位で決定されている取引価格

1．前提条件

(1)　企業Aは，20X1年6月30日に独立第三者から，企業Bの発行済株式総数の3％（3百万株）を100百万円の現金を対価として取得する。

(2)　当該取引価格は，企業Bの3％の持分全体に関する交渉された独立取引者間価格を基礎として決定される。

(3)　企業Aは，企業Bの株式の活発な市場における相場価格を入手できる。

企業Ｂの株式の20X1年６月30日時点の相場価格は，１株当たり36円である。

２．企業Ｂの株式の20X1年６月30日における時価の算定

企業Ａにおける企業Ｂの株式の20X1年６月30日における時価は，個々の株式の相場価格と取得株数の積であり，以下のとおり，108百万円と算定される(時価算定適用指針第７項参照)。

36円×３百万株＝108百万円

金融商品については，通常，個々の金融商品が時価の算定の対象となるため，企業Ａが３百万株全体に対し，100百万円の取引価格を現金で支払ったという事実にかかわらず，企業Ａにおける企業Ｂの株式の時価の算定単位は，取得した３％の持分全体ではなく，個々の株式である。なお，本設例は，企業Ａにおける企業Ｂの株式の取引価格と時価との差額を取得価額の調整として処理することを否定するものではない。

⑥　主要な市場または最も有利な市場と異なる市場で行われた取引

時価算定適用指針［設例２］では，取引が行われた市場が，主要な市場または最も有利な市場と異なる状況として，金融機関が非金融機関の企業を取引相手先とする市場（リテール市場）において，契約時の対価の受け払いなし（すなわち，取引価格ゼロ）で金利スワップを締結する例が示されている。

非金融機関の企業が金利スワップについて利用できる市場はリテール市場のみであるのに対し，金融機関は金利スワップについてリテール市場だけでなく，他の金融機関を取引相手先とする市場（ディーラー市場）も利用できる。

このような場合，非金融機関の企業にとっては，金利スワップを締結したリテール市場が当該金利スワップの主要な市場となる。時価の算定上，当該企業が金利スワップに基づく権利および義務を移転する場合には，当該リテール市場で，金融機関を取引相手先として当該移転が行われると仮定することになる。したがって，非金融機関の企業にとっての当初認識時の時価は，リテール市場で金融機関を取引相手先として当該金利スワップの移転により受け取るか，または支払う価格（出口価格）であり，取引価格であるゼロとなる。

一方，金融機関にとっては，ディーラー市場が当該金利スワップの主要な市場となることが多い。時価の算定上，当該金融機関が金利スワップに基づく権利および義務を移転する場合には，当該ディーラー市場で，金融機関を取引相手先として当該移転が行われると仮定することになる。

したがって，金融機関にとっての当初認識時の時価は，金融機関がディーラー市場で金融機関を取引相手先として当該金利スワップの移転により受け取るか，または支払う価格（出口価格）である。そのため，リテール市場で行われた当該金利スワップの取引価格はゼロであるが，これは必ずしも金融機関にとっての当初認識時の時価を表しているとは限らず，当初認識時の時価は取引価格と異なる可能性がある。

⑦　当初認識時の時価と取引価格の差額の会計処理

金融商品実務指針第243項では，取得した金融資産または引き受けた金融負債の時価が支払った対価または受け取った対価と異なる場合には，当該差額は，その取引の実態に応じて処理することになるとされているが，具体的な会計処理は定められていない。

一方，IFRS第13号では，当初認識時の時価が取引価格と異なる場合，他の基準書が別段の定めをしていない限り，それによって生じる利得または損失を純損益に認識することを企業に要求している（IFRS第13号第60項)。

ASBJは，この取扱いについては，「今後，金融商品会計基準の開発に着手した場合には，そのプロジェクトで検討を行うことが考えられる」としている(時価算定会計基準（案）等に対するコメント「5. 主なコメントの概要とその対応」28）の「コメントへの対応」参照)。

参考までに，IFRS第９号に示されている会計処理は，以下のとおりである(この差額が財貨またはサービスの対価，資本拠出またはみなし分配ではないことが前提である。)。

- その時価が同一の資産または負債についての活発な市場における相場価格（すなわち，レベル１のインプット）の証拠がある場合，または観察可能な市場からのデータのみを用いた評価技法に基づいている場合には，当初認識時の時価と取引価格との差額を利得または損失として認識する（IFRS第９号B5.1.2A項(a)）。
- 他のすべての場合には，当初認識時の時価と取引価格との差額を繰り延べるように調整した額で会計処理する。当初認識後，企業は，その繰り延べた差額を，市場参加者が当該資産または負債の価格付けを行う場合の考慮に入れるであろう要因（時間を含む。）の変化から生じている範囲でのみ，利得または損失として認識する（IFRS第９号B5.1.2A項(b)）。

8　観察可能な市場が存在しない場合に用いる仮定

時価算定会計基準における時価の定義に基づけば，算定日において秩序ある取引が行われると想定される観察可能な市場がない場合であっても，市場参加者間で資産が売却または負債が移転される取引を仮定して，資産または負債の時価を算定することになる。そのような場合，具体的な市場参加者を識別する必要はなく，当該資産を購入する，または当該負債の移転を受け入れるであろう潜在的な市場参加者の特性を検討することになると考えられる。さらに，資産を売却するために受け取る金額を最大化する，または負債を移転するために支払う金額を最小化する取引において，このような市場参加者が設定する仮定を識別することになる。

金融商品の潜在的な市場参加者には，デリバティブの契約相手，リターンを最大化する投資家，投資先と戦略的な関係を構築しようとする投資家または特定の目的を有する広い範囲の他の参加者が含まれる。潜在的な市場参加者を識別する際には，市場参加者の観点から取引が行われると想定される単位と時価の算定単位が整合しているかどうかに留意する。

そのような仮想的な取引において市場参加者が使用するであろう仮定を設定する際には，企業自身の仮定を出発点とし，例えば，以下のような時価の算定対象となる資産または負債に特有の要因についての調整を行うこととなる。

- 市場参加者の仮定を反映した成長率とリスク調整
- 業績とリスクの指標（例えば，延滞，債務不履行，期限前返済のスピードや金利）

観察可能な市場が存在しない場合に用いられる仮定は，観察できないインプットや調整を基礎としている場合がある。時価のレベル別分類（「第6章 レベル別分類」参照）にあたり，これらのインプットまたは調整の時価の算定に与える影響の重要性を評価する必要がある。

第3章 特定の状況における取扱い

1 資産または負債の取引の数量または頻度が著しく低下している場合

1 取引の数量または頻度が著しく低下しているかどうかの判断

資産または負債の取引の数量または頻度が当該資産または負債に係る通常の市場における活動に比して著しく低下している場合には，当該資産または負債の時価の算定に影響を及ぼす可能性がある（時価算定適用指針第40項）。しかし，取引の数量または頻度が低下したのみでは，取引価格または相場価格が時価を表していないとも当該市場の取引が秩序あるものではないともいえない（時価算定会計基準第40項）。

そのため，資産または負債の取引の数量または頻度が当該資産または負債に係る通常の市場における活動に比して著しく低下していると判断した場合，取引価格または相場価格が時価を表しているかどうかについて評価することが求められる（時価算定会計基準第13項）。なお，この規定は，観察可能な市場が通常存在しない資産または負債には適用されない（時価算定会計基準第39項）。

資産または負債の取引の数量または頻度が，当該資産または負債に係る通常の市場における活動に比して著しく低下しているかどうかについては，入手できる情報に基づき，例えば，以下の要因の重要性および関連性を評価して判断する（時価算定適用指針第16項）。

(1) 直近の取引が少ないこと
(2) 相場価格が現在の情報に基づいていないこと
(3) 相場価格が時期または市場参加者間で著しく異なっていること
(4) これまで資産または負債の時価と高い相関があった指標が相関しなくなったこと
(5) 企業の将来キャッシュ・フローの見積りと比較して，相場価格に織り込まれている流動性リスク・プレミアム等が著しく増加していること
(6) 買気配と売気配の幅が著しく拡大していること
(7) 同一または類似の資産または負債についての新規発行市場における取引の活動が著しく低下しているかまたは当該市場がないこと
(8) 公表されている情報がほとんどないこと

資産または負債の取引の数量または頻度が著しく低下している場合には，評価技法の変更または複数の評価技法の利用が適切となる可能性がある（時価算定会計基準第42項）。

IFRS第13号B40項では，複数の評価技法の利用について，時価の指標のウェイト付けを行う際には，現在の市場の状況における時価を最もよく表す範囲内の点を決定するため，時価の見積りの範囲の合理性を考慮することを求めている。見積りの範囲が広いということは，さらに分析が必要であることを示唆している場合がある。時価算定適用指針［設例８］には，資産の取引の数量または頻度が著しく低下した場合の市場利回りの見積りの例が示されている。

2　取引価格または相場価格が時価を表していないと判断する場合

資産または負債の取引の数量または頻度が著しく低下しているかどうかの評価の結果，当該取引価格または相場価格が時価を表していないと判断する場合（取引が秩序ある取引ではないと判断する場合を含む。），当該取引価格または相場価格を，時価を算定する基礎として用いる際には，当該取引価格または相場価格について，市場参加者が資産または負債のキャッシュ・フローに固有の不確実性に対する対価として求めるリスク・プレミアムに関する調整を行う（時価算定会計基準第13項）。

当該調整は，取引が秩序ある取引であるかどうかに応じて，以下のとおり行う（時価算定適用指針第17項）。

⑴　取引が秩序ある取引ではない（例えば，強制された清算取引や投売り）と判断したとき（**3**参照）
➡取引価格は他の入手できるインプットほどには考慮しない。
⑵　取引が秩序ある取引であると判断したとき
➡時価の算定にあたって，取引価格を考慮するが，その考慮する程度は，例えば，次の状況により異なる。
①　当該取引の数量
②　当該取引を時価の算定対象となる資産または負債に当てはめることが適切であるか
③　当該取引が時価の算定日に近い時点で行われたか
⑶　取引が秩序ある取引であるかどうかを判断するために十分な情報を入手できないとき
➡取引価格が時価を表さない可能性を踏まえたうえで，取引価格を考慮する。

ただし，企業が取引当事者である場合は上記⑶に該当することはなく，当該取引が秩序ある取引かどうかを判断するための十分な情報を有するとみなすことが適当と考えられる（時価算定適用指針第42項）。上記⑶に該当する場合の調整は，取引価格を考慮に入れなければならないが，この場合の取引価格は時価の算定または市場リスク・プレミアムの見積りに関する唯一または主要な基礎ではないため，取引が秩序ある取引であると判断したときに比べ，取引価格を考慮する程度は低くなる。

資産または負債の取引の数量または頻度が著しく低下している場合であっても，算定日における事実と状況に基づき，その市場環境下で市場参加者が進んで取引を行う価格を見積らなければならない。

時価算定会計基準における時価の算定は，市場を基礎としたものであり，対象となる企業に固有のものではないため，資産の保有あるいは負債の決済または履行に関する企業の意図は，時価を算定する際に考慮しない（時価算定会計基準第43項）。

企業が外部の情報源（取引相場価格および取引相手の金融機関，ブローカー，情報ベンダーまたは潜在的な買手により提示される価格等）に基づく価格での取引を望まないとしても，そのことは時価の算定において当該価格を考慮しない理由としては不十分である。

すなわち，その状況において入手可能な最善の情報が市場参加者は外部の情報源に基づく価格で取引を行うことを示しているとすれば，企業はその価格での取引を望まないという理由だけでその価格を考慮しないことは時価算定会計基準に反することになる（設例５参照）。

この点，改正前の金融商品会計基準および金融商品実務指針に基づく実務対応報告第25号「金融資産の時価の算定に関する実務上の取扱い」Ｑ２のＡにおいては，「売手と買手の希望する価格差が著しく大きい金融資産は，市場価格がない（または市場価格を時価とみなせない）と考えられる」とされている。この考え方に基づき，特定の有価証券について，市場における取引価格が入手可能であったとしても，当該価格に基づく価額が経営陣の合理的な見積りに基づく合理的に算定された価額より著しく低く，算定日において市場価格で売却する意図がない場合には，合理的に算定された価額を時価とする実務が多く見られたが，時価算定会計基準の考え方は，これと対照的である。

設例５　類似の証券についての活発な市場

１．前提条件

⑴　企業Ａは取引の数量および頻度が通常の市場における活動に比して著しく低下している債券Ｂを保有している。

⑵　債券Ｂに類似する債券Ｃについては活発な市場が存在する。

⑶　債券Ｃの相場価格を用いた企業Ａの評価技法による債券Ｂの価格は30百万円である。

⑷　証券会社Ｄは，企業Ａに対して債券Ｂの買取価格として20百万円を提示しているが企業Ａは債券Ｂを当該価格で売却することを望んでいない。

２．時価の算定

企業Ａは債券Ｂの取引の数量または頻度が著しく低下しているため，評価技法の変更または複数の評価技法の利用を検討する。

債券Bの時価を算定する際に，企業Aは，単に証券会社Dの提示価格で取引することを望まないことを理由に当該価格を無視することも，当該価格が企業Aの評価技法による価格よりも優先すべき時価の根拠であると仮定することもできない。

当該価格は，証券会社Dが進んで企業Aの保有する債券Bを買い取る際の価格であったとしても，必ずしも市場参加者（買手および売手）が測定日において進んで取引を行う価格であるとは限らない。

時価の算定に評価技法を用いるにあたっては，関連性のある観察可能なインプットを最大限利用し，観察できないインプットの利用を最小限にする必要がある（時価算定会計基準第8項）。証券会社Dの提示価格が観察できないインプットである場合，企業Aの評価技法による価格が観察可能なインプットに基づくものであれば，債券Bの時価の算定において証券会社Dの提示価格の比重を下げることが適切であるかもしれない。

しかし，企業Aが証券会社D以外の複数の証券会社から債券Bの買取提示価格を入手し，企業Aの評価技法による価格が入手した買取提示価格の範囲内に収まっていないことを示している場合，企業Aは評価技法の妥当性を検討するとともに評価技法による価格と買取提示価格の間の相違の原因を分析する必要があるかもしれない。

3　取引が秩序ある取引であるかどうかの判断

取引が秩序ある取引であるかどうかの判断には困難が伴うが，資産または負債の取引の数量または頻度が，当該資産または負債に係る通常の市場における活動に比して著しく低下している状況において，当該市場におけるすべての取引が秩序ある取引ではない（すなわち，強制的な清算取引または投売りである）と結論付けることは適切ではない（時価算定適用指針第41項）。

時価算定適用指針第41項では，秩序ある取引ではないことを示す状況が以下のとおり例示されており，取引が秩序ある取引かどうかを判断するにあたって考慮することが考えられるとされている。

(1) 現在の市場環境の下で，当該取引に関して通常かつ慣習的な市場における活動ができるように，時価の算定日以前の一定期間について取引が市場に十分さらされていないこと
(2) 通常かつ慣習的な市場における活動の期間があったが，売手が一人の買手としか交渉していないこと
(3) 売手が破綻または破綻寸前であること
(4) 売手が規制上または法的な要請から売却せざるを得ないこと
(5) 直近の同一または類似の取引と比較して，取引価格が異常値であること

上記の考慮事項の１つまたは複数に形式的に該当していることだけをもって秩序ある取引ではないと判断することは適切でなく，秩序ある取引ではないことを立証するための説得力のある証拠が必要と考えられる。

例えば，上記(3)については，売手が破綻または破綻寸前であることが秩序ある取引ではないことの決定要因になるわけではなく，売手が投売りをしていることが決定要因である（設例６参照）。

上記(4)については，売手が売却せざるを得ない規制上または法的な要請を受けていることが秩序ある取引ではないことの決定要因になるわけではなく，売手が売却を強制されていることが決定要因である。

設例６　破産手続の一部としての金融資産の売却

１．前提条件

(1) 企業Ａは裁判所に破産手続開始の申立を行い，破産管財人Ｂが選任された。

(2) 破産管財人Ｂの役割は，企業Ａの債権者に対する配当を最大化することである。

(3) 破産管財人Ｂは，企業Ａの破産手続の一環として，企業Ａの保有する金融資産を競売にかける。

(4) 破産管財人Ｂは，競売期間中にできる限り高値での入札があるよう，関

係者に対して競売を周知し，応札を促す。

2．秩序ある取引であるかどうかの判断

金融資産が破産手続の一環として売却される場合であっても，必要な条件をすべて満たしていれば競売による売買は秩序ある取引とみなすことができる。

「秩序ある取引」は，時価算定会計基準第４項(2)において，「資産又は負債の取引に関して通常かつ慣習的な市場における活動ができるように，時価の算定日以前の一定期間において市場にさらされていることを前提とした取引をいう。他から強制された取引（例えば，強制された清算取引や投売り）は，秩序ある取引に該当しない。」と定義されている。

上記１の状況では，売却は即時ではなく他の市場参加者が応札するのに十分な（すなわち，通常かつ慣習的な）期間があると考えられるため，競売による金融資産の売買は秩序ある取引と考えることができると考えられる。

2　第三者から入手した相場価格の利用

1　時価算定会計基準に従って算定されたものであるかどうかの判断

企業または資産もしくは負債によっては，企業自身が信頼し得る時価の算定能力を有さず，取引相手の金融機関，ブローカー，情報ベンダー等の第三者（以下「ブローカー等」という。）から入手した相場価格（以下「第三者価格」という。）に依存することもある。改正前の金融商品実務指針では，自社における合理的な見積りが困難な場合には，第三者価格を時価とすることができるものとされている（改正前金融商品実務指針第54項）。

ブローカー等については，客観的に信頼性がある者で，企業から独立した第三者であることが必要であるとされている（改正前金融商品実務指針第259項）が，第三者価格の使用についての責任は企業自身にあることが述べられている（改正前金融商品実務指針第292項）のみで，企業が当該責任を果たすために必要な検討や手続は定められていない。

これに対し，時価算定会計基準では，第三者価格を時価の算定に用いる場合には，当該相場価格が時価算定会計基準に従って算定されたものであるという判断を要求している（時価算定適用指針第18項）。

改正前金融商品実務指針第54項で述べられている第三者価格は，「市場価格に基づく価額」ではなく，「合理的に算定された価額」であることを想定しているものと考えられる。

一方，時価算定会計基準における第三者価格には，従来，「市場価格」として取り扱ってきた観察可能な市場データや，それに裏付けられる価格が含まれるものと考えられる。

したがって，従来の「合理的に算定された価額」に限らず，時価の算定に用いている第三者価格を網羅的に把握する必要がある。時価の算定に用いるインプットとしての第三者価格については，資産または負債について直接または間接的に観察可能なもの（レベル１またはレベル２のインプット）であるか，さらに，時価の算定日において，企業が入手できる活発な市場における同一の資産または負債に関する相場価格であり調整されていないもの（レベル１のインプット）であるか，観察できないもの（レベル３のインプット）であるかを評価する必要がある（インプットのレベルについては「第６章　レベル別分類」参照）。

有価証券の時価としての第三者価格については，当該有価証券について直接または間接的に観察可能なもの（レベル１またはレベル２の時価）であるか，さらに，時価の算定日において，企業が入手できる活発な市場における同一の有価証券に関する相場価格であり調整されていないもの（レベル１の時価）であるか，評価技法を用いて算定された価格であるかを評価する必要がある（時価のレベルについては「第６章　レベル別分類」参照）。

非上場デリバティブについては，第三者価格は評価技法を用いて算定された価格であることが一般に理解されていると思われるが，債券についてもほとんどが非上場であり，第三者価格は評価技法を用いて算定された価格である場合が多いことに留意する必要がある。

評価技法を用いて算定された価格を想定したものと考えられるが，時価算定適用指針の「結論の背景」には，第三者価格が時価算定会計基準に従って算定されたものであるかどうかの判断にあたり，企業が状況に応じて選択して実施することが考えられる手続として，以下のものが例示されている（時価算定適用指針第43項）。

⑴　企業が計算した推定値と当該第三者価格とを比較し検討する。
⑵　他のブローカー等から時価算定会計基準に従って算定がなされていると期待される価格を入手できる場合，当該他のブローカー等から入手した価格と当該第三者価格とを比較し検討する。
⑶　当該第三者価格の算定過程において，時価算定会計基準に従った算定（インプットが算定日の市場の状況を表しているか，観察可能なものが優先して利用されているか，また，評価技法がそのインプットを十分に利用できるものであるかなど）がなされているかを確認する。
⑷　企業が保有しているかどうかにかかわらず，時価算定会計基準に従って算定されている類似銘柄（同じアセットクラスであり，かつ同格付銘柄など）の価格と当該第三者価格とを比較する。
⑸　過去に会計基準に従って算定されていると確認した当該金融商品の価格の時系列推移の分析など商品の性質に合わせた分析を行う。

また，資産または負債の取引の数量または頻度が当該資産または負債に係る通常の市場における活動に比して著しく低下していると判断した場合には，第三者価格が秩序ある取引を反映した現在の情報に基づいているかどうか，または，市場参加者の仮定を反映した評価技法に基づいているかどうかを評価して，当該第三者価格を時価の算定に考慮する程度について判断することを求めている（時価算定適用指針第18項）。その際には，当該第三者価格の性質（例えば，当該第三者価格が参考価格であるのか，または，当該ブローカー等と取引可能な価格であるのか）を考慮する。

例えば，第三者価格が，当該ブローカー等と取引可能な価格である場合は，参考価格である場合に比べて時価の算定に考慮する程度を高くすることに留意する必要があると考えられる（時価算定適用指針第44項）。

第三者価格は，時価の算定対象に活発な市場が存在しない場合，必ずしも時価の決定要因とはならない。第三者価格が時価算定会計基準に従って算定されたものかどうかを判断する際には，当該ブローカー等による相場価格の算定方法ならびに用いられたインプットその他の情報を理解する必要がある。

第三者価格が時価算定会計基準に従って算定されたものかどうかを評価するにあたり，一般に，上述したほか，以下を含むすべての関連性のある状況について考慮する必要があると考えられる。

⑴　時価の算定対象と第三者から相場価格を入手した金融商品との間に，条件またはリスクの特性などの差異があるか。
　そのような差異がある場合，第三者価格への調整が必要となることがある。
⑵　第三者価格は時価の算定対象について現在生じている秩序ある取引を反映しているか。すなわち市場参加者は現在，第三者価格で取引を行っているのか。
⑶　第三者価格に古い情報や秩序のない取引が反映されていないか。
⑷　第三者が使用している評価技法は，時価算定会計基準における時価の算定の原則に従ったものであるか。
　例えば，ブローカーまたは価格情報サービスが使用する評価技法は，
・リスクに関するものを含む市場参加者の仮定を反映しているか
・関連する観察可能なインプットを最大限利用しているか
・観察できないインプットの利用を最小限にしているか
　市場参加者が資産または負債の時価を算定する際の仮定を反映していない評価技法による場合，第三者価格は調整を要するか，時価の算定に用いることができないかもしれない。あるいは，第三者価格は時価の算定のインプットにはなり得るものの，第三者価格の算定に利用されていない指標が時価の算定のインプットとして，より有用であるかもしれない（例えば，市場参加者が資産または負債の価格を決定する際に使用するであろうインプットの企業独自の見積りに基づく評価）。
⑸　第三者価格は参考価格か，当該第三者と取引可能な価格か。
　当該第三者がマーケット・メーカーである場合を除き，通常，参考価格であり，当該第三者と取引可能な価格ではない。
⑹　相場価格を提供する第三者は市場において相当の存在感を有し，時価の算定対象についての忠実な表現となる価格を提供できる専門性および経験を有しており，信頼できるか。

時価の算定にあたって，対象となる金融商品の時価の算定に関連する専門性や経験をより多く有している者から入手した相場価格について考慮する程度を高くすることも考えられる。

資産または負債の取引の数量または頻度が低下するにつれて，ブローカー等は，価格算定にあたって自身の仮定に基づく独自の評価技法を用いることが考えられる。

企業は，第三者価格の算定方法ならびに使用されたインプットその他の情報を評価する必要があるが，これらの情報は，ブローカー等が外部との共有を望まない独自の評価技法を用いている場合，入手が困難である可能性がある。しかし，評価技法に使用された仮定の性質やインプットに関する情報は入手できるかもしれない。

複数のブローカー等から時価算定会計基準に従って算定がなされていると期待される価格を入手する場合，追加的な分析が必要となることがある。複数の第三者価格は，広く分散しているよりも狭い範囲に収まっているほうが，時価の定義を満たす証拠としてより強いものになると考えられる。

本章[1]1に記載したとおり，見積りの範囲が広いということは，さらに分析が必要であることを示唆している場合がある。複数の第三者価格から，現在の市場の状況における時価を最もよく表す範囲を決定するという目的で，時価の見積りの範囲の合理性を考慮すべきである。

また，企業独自の時価の見積りが複数の第三者価格の範囲外である場合，その差異の原因を理解しなければならない。第三者価格の範囲が時価の強い証拠となる場合，現在の市場の情報を反映するために評価技法の調整を行うことを検討する。

2　第三者から入手した相場価格を時価とみなせる場合

①　適用対象となる企業集団または企業

1で述べたとおり，第三者価格を時価の算定に用いるためには，当該第三者価格が時価算定会計基準に従って算定されたものであるかどうかの判断が求められる。

しかし，総資産の大部分を金融資産が占め，かつ総負債の大部分を金融負債および保険契約から生じる負債が占める企業集団または企業（以下「企業集団等」という。）以外の企業集団等においては，一定の要件を満たす場合，一部のデリバティブ取引について，第三者から入手した相場価格を時価とみなすことができるという例外的取扱いが設けられている（時価算定適用指針第24項）。

総資産の大部分を金融資産が占め，かつ総負債の大部分を金融負債および保険契約から生じる負債が占める企業とは，銀行，保険会社，証券会社，ノンバンク等（以下「金融・保険業」という。）が想定されるとされている（時価算定適用指針第49項）。

②　適用対象となるデリバティブ取引

適用対象となるデリバティブ取引は以下のとおりである（時価算定適用指針第24項）。

(1)　インプットである金利がその全期間にわたって一般に公表されており観察可能である同一通貨の固定金利と変動金利を交換する金利スワップ（いわゆるプレイン・バニラ・スワップ）
(2)　インプットである所定の通貨の先物為替相場がその全期間にわたって一般に公表されており観察可能である為替予約または通貨スワップ

これらのデリバティブ取引は，時価の算定の不確実性が相当程度低いと判断されるためと考えられる（時価算定適用指針第49項参照）。

③　適用要件

以下のすべてを満たすことが要件とされている（時価算定適用指針第24項）。

- 客観的に信頼性がある者であり企業集団等から独立した者である第三者から入手した相場価格であること
- 公表されているインプットの契約時からの推移と入手した相場価格との間に明らかな不整合はないと認められ，かつ，レベル２の時価に属すると判断されること上記の「明らかな不整合」とは，例えば，公表されているインプットの契約時からの推移に対して，入手した相場価格が逆の方向に動いている場合などの状況が想定される（ASBJの「企業会計基準公開草案第63号「時価の算定に関する会計基準（案）」等に対するコメント」５．「論点の項目」35）の「コメントへの対応」参照）。

なお，オプションを含むような取引については，利用されるボラティリティ（価格変動性）の種類によってはレベル３の時価に分類されると考えられるため，適用対象外とされている（時価算定適用指針第24項）。

④　例外的取扱いが認められた背景

時価算定適用指針の結論の背景（第49項）においては，金融・保険業以外の企業集団等に例外的取扱いを設けたのは，実務におけるコストと便益を比較衡量した結果としている。

金融・保険業においては，営業取引としての金融取引および保険契約から生じる金融資産，金融負債および保険契約から生じる負債のリスク管理を適切に行うため，原則として，デリバティブ取引を含む金融商品について自ら信頼し得る時価を算定する能力を有している必要があると考えられる。何らかの金融商品について第三者価格を時価の算定に用いることがあるとしても，当該第三者価格が時価算定会計基準に従って算定されたものであるかどうかを評価する能力を有している必要があると考えられる。

また，余裕資金を金融資産で運用する場合は，業種を問わず，適切なリスク管理を行い，適正な財務報告を行うために，保有する金融資産の時価の算定に第三者価格を用いるとしても，当該第三者価格が時価算定会計基準に従って算定されたものであるかどうかを評価する能力を有していることが必要と考えられる。

一方，金融・保険業以外の企業においても，事業上の必要性から外貨建予定営業取引および外貨建営業金銭債権債務の為替相場変動リスクのヘッジ手段としての為替予約，変動金利または外貨建ての借入金や社債のキャッシュ・フローを固定する金利変動リスクまたは為替相場変動リスクのヘッジ手段としての金利スワップまたは通貨スワップといったデリバティブ取引を行うことは多い。

このような企業の多くは，ヘッジ会計の処理方法として，金融商品会計基準（注４）に基づく金利スワップの特例処理または「外貨建取引等会計処理基準注解」注７に基づく為替予約等の振当処理を採用している。金利スワップの特例処理および為替予約等の振当処理において，ヘッジ手段となるデリバティブ取引は時価評価されず，ヘッジ対象と一体処理される（ヘッジ対象が予定取引である場合を除く。）。このようなことが，例外が認められた背景として考えられる。

3 負債または払込資本を増加させる金融商品の時価

1 負債または払込資本を増加させる金融商品の時価の算定における仮定

負債または払込資本を増加させる金融商品[1]（例えば，企業結合の対価として発行される株式）の時価の算定においては，時価の算定日に市場参加者に移転されるものと仮定する（時価算定会計基準第14項）。

すなわち，算定日に負債または払込資本を増加させる金融商品が契約当事者間で現金により決済される（当該負債または払込資本を増加させる金融商品の消滅が認識される）ことを仮定するのではなく，市場参加者間の秩序ある取引において，引受人が当該債務または当該払込資本を増加させる金融商品に関する権利義務を引き継ぐことを仮定する（時価算定適用指針第19項参照）。

これは，算定日において市場参加者間で秩序ある取引が行われると想定した場合の，当該取引における負債の移転のために支払う価格という時価の定義

1　企業自身が発行者であり純資産の部に計上される金融商品を意味する（ASBJの「企業会計基準公開草案第63号「時価の算定に関する会計基準（案）」等に対するコメント」５．「論点の項目」31）の「コメントへの対応」参照）。

（第2章4 1参照）に適合する価格を算定するためである。

企業が，負債または払込資本を増加させる金融商品の第三者への移転を意図していない場合，あるいは，移転できない制約がある場合においても，この仮定を適用しなければならない。

この点，金融商品会計基準において，金融負債は，借入金のように一般的には市場がないか，社債のように市場があっても，自己の発行した社債を時価により自由に清算するには事業遂行上等の制約があると考えられることから，時価評価の対象としないことが適当であると考えられるとしていること（金融商品会計基準第67項参照）とは想定が異なっている。

2　負債または払込資本を増加させる金融商品の時価の算定方法

負債または払込資本を増加させる金融商品の時価は，以下を用いることにより算定する（時価算定適用指針第20項）。

(1)　活発な市場における相場価格（「活発な市場」については第6章2 1参照）
(2)　(1)が入手できない場合，他の者が資産として保有する同一の項目に係る活発な市場における相場価格
(3)　(1)および(2)が入手できない場合，他の観察可能なインプット（例えば，他の者が資産として保有する同一の項目に係る活発でない市場における相場価格）
(4)　(1)から(3)が入手できない場合，インカム・アプローチまたはマーケット・アプローチ

負債の時価の算定にあたっては，負債の不履行リスクの影響を反映する必要があり（時価算定会計基準第15項），当該負債の時価を算定する単位に基づき，信用リスクの影響および当該負債の履行見込みに影響を与える可能性のある要因を当該負債の時価の算定に反映する（時価算定会計基準第6項および時価算定適用指針第22項）。

3　他の者が資産として保有する負債または払込資本を増加させる金融商品

2で述べたとおり，負債または払込資本を増加させる金融商品の活発な市場

における相場価格が入手できない場合，当該負債または払込資本を増加させる金融商品の時価は，他の者が資産として保有する同一の項目に係る相場価格を用いることにより算定することがある。

負債または払込資本を増加させる金融商品の時価を，同一の項目を資産として保有する相手方の観点から算定することは，発行者であるか保有者であるかにかかわらず，契約に係る時価は等しいという考え方によるものと考えられる。

これは，時価の算定において，負債または払込資本を増加させる金融商品を決済または消滅させる取引ではなく，契約が移転される取引を仮定するという考え方と整合している。

他の者が資産として保有する企業の負債または払込資本を増加させる金融商品の相場価格は，理論的に，算定日において市場参加者間で秩序ある取引が行われると想定した場合の，当該負債または払込資本を増加させる金融商品の移転のために支払う価格と考えられる。

他の者が資産として保有している負債または払込資本を増加させる金融商品の相場価格の調整は，資産に固有の要因ではあるが，負債または払込資本を増加させる金融商品に固有の要因ではないもののみについて行うことになる。

例えば，企業が発行する社債について，他の者が保有する資産としての相場価格が，発行者に対する債権と第三者の信用補完の両方で構成されるパッケージの合成された価格を反映している場合，企業が発行する社債の時価を算定する際，当該相場価格から第三者の信用補完の影響を除外するように調整する（**5**②参照）。

4　インカム・アプローチまたはマーケット・アプローチによる負債または払込資本を増加させる金融商品の時価の算定

負債または払込資本を増加させる金融商品について，活発な市場における相場価格も，他の者が資産として保有する同一の項目に係る相場価格も入手できない場合，当該負債または払込資本を増加させる金融商品の時価は，インカム・アプローチまたはマーケット・アプローチを用いることにより算定することになる（2参照)。

この場合においても，算定日において負債または払込資本を増加させる金融商品の移転に係る秩序ある取引を行う市場参加者の観点から時価を算定しなければならない。

5　負債の債務不履行リスク

①　負債の債務不履行リスクに関する仮定

負債の時価の算定にあたっては，負債の不履行リスクの影響を反映することを前提とすると，負債を市場参加者間で債権者との契約条件を変更せずに移転する場合，通常，負債の不履行リスクは市場参加者間で異なるため，当該負債の時価は，移転の前後で変動することになる。しかし，負債の不履行リスクについては，当該負債の移転の前後で同一であると仮定するものとされている(時価算定会計基準第15項)。

このような現実的でない仮定を設けた理由について，時価算定会計基準第44項では，「負債を引き受ける企業（譲受人）の信用リスクを特定しなければ，市場参加者である譲受人の特性を企業がどのように仮定するかによって，当該負債の時価が大きく異なる可能性があるため」としており，時価算定会計基準適用上の実務のばらつきを考慮したものと考えられる。

しかし，そのような実務への影響に配慮する以前に，貸借対照表上の負債の時価を算定する場合は現在の債務者における負債の不履行リスクを考慮する必要があることを前提として，時価の定義に従い市場参加者間での移転取引を仮定すると，移転先の信用状態が移転元よりも悪い場合は債権者が，移転先の信用状態が移転元よりも良い場合は移転先が，それぞれ，移転先と移転元の信用状態の違いを反映させるように契約条件を変更しない限り移転を了承することはないと考えられる。したがって，当該移転取引の前後で負債の不履行リスクは同一であるとの仮定を置かざるを得ないと考えられる。

なお，負債の不履行リスクとは，企業が債務を履行しないリスクであり，企業自身の信用リスクに限られるものではないとされている（時価算定会計基準第15項)。企業自身の信用リスク以外に負債の不履行リスクに影響を与える要因としては，担保（ノンリコース債務における裏付資産を含む。）が挙げられる[2]（③参照)。

②　第三者の信用補完が付された負債

第三者の信用補完が付された負債について，当該信用補完が負債とは別に処理される場合，負債の時価の算定には，保証人である第三者の信用リスクではなく，企業自身の信用リスクを考慮することになる（時価算定適用指針第45項参照)。この場合，債務者の観点からの負債の時価は，債権者が資産として保有する保証付負債の時価と同額にはならない。

2の(2)および(3)のように，他の者が資産として保有する同一または類似の項目の相場価格を用いる場合には，負債または払込資本を増加させる金融商品の時価の算定に反映できない当該資産に固有の要素を除外して，負債または払込資本を増加させる金融商品の時価を算定する（時価算定適用指針第21項)。

例えば，第三者による債務保証が付されている自社発行社債の時価を算定する際に，当該社債の相場価格に第三者による債務保証が反映されている場合には，当該相場価格に反映されている第三者による債務保証の要素を除外するため，保証人である第三者の信用リスクの影響を除外し，企業自身の信用リスクを考慮に入れることになる。

他の企業の株式取得による企業結合において，被取得企業の第三者による債務保証付借入金の債務保証を取得企業が引き受ける場合，取得企業の個別財務諸表においては，子会社株式とは別に債務保証を時価で負債に計上することになると考えられる。一方，取得企業の連結財務諸表上の取得原価の配分において被取得企業の借入金の時価を算定するにあたっては，被取得企業の信用リス

2　ASBJの「企業会計基準公開草案第63号「時価の算定に関する会計基準（案)」等に対するコメント」5.「論点の項目」30）の「コメントへの対応」には，「例えば，履行原資があったとしても何らかの制約によって履行されない見込みのある場合（テクニカル・デフォルトなど）が想定される」と記載されている。

クに加えて取得企業の信用リスクも考慮に入れることになると考えられる（設例7参照）。

設例7　支配獲得時における被取得企業の保証付借入金の保証引受

1．前提条件

(1)　企業Aは，企業Cから企業Bの発行済議決権株式の100％を取得することにより企業Bの支配を獲得し，企業Bを連結子会社とする。

(2)　企業Bの識別可能な負債には，企業Aを親会社とする企業集団外の第三者からの借入金が含まれる。

(3)　上記(2)の借入金の契約条項には，企業Cによる債務保証が含まれていた。

(4)　企業Cから企業Aへの企業B株式譲渡契約に基づき，上記(3)の契約条項が改訂され，企業Cに代わり企業Aが債務を保証することとなった。

(5)　上記(4)の対価は，株式の譲渡対価とは別に定められていない。

(6)　当該借入金と同一または類似の負債の移転についての利用可能な相場価格は存在しない。

2．取得企業の保証付借入金の時価の算定

(1)　企業Aの個別財務諸表

企業Aは，企業B株式の取得日において，企業Bの株式を資産として計上し，企業Bの借入金の債務保証を負債として計上する。当該債務保証は，時価により計上するため，企業Bの株式の取得価額（時価）は，株式譲渡契約上の対価に当該債務保証の時価を加えた価額となる。

(2)　企業Aの連結財務諸表

企業Aは，企業Bの識別可能資産および負債のすべてを支配獲得日の時価により評価する。連結財務諸表においては，企業Bの借入金の債務保証は，企業Bの借入金と別に処理されないため，企業Aが企業Cに代わり保証を引き受けた借入金の時価を算定する際には，企業Bの信用リスクに加えて企業A自身の信用リスクも考慮に入れることになる。連結財務諸表に

おける企業Bの事業の取得原価は，個別財務諸表に負債として計上した債務保証の時価を加算する前の株式譲渡契約上の対価の額となる。

③ 担保が付された負債

企業が負債に対して担保を提供する場合，時価算定会計基準における負債の時価の算定に影響を与える。①で述べたとおり，負債の時価の算定に不履行リスクの影響を反映するにあたって，負債の不履行リスクは当該負債の移転の前後で同一であると仮定するものとされている。また，負債の不履行リスクとは，企業が債務を履行しないリスクであり，企業自身の信用リスクに限られるものではない。

時価算定適用指針第45項によれば，第三者の信用補完（例えば，第三者による債務保証）は，負債とは別に処理される場合，負債の時価の算定に当該第三者の信用補完の要素は反映されないことになる（②参照）。

担保も信用補完の一形態ではあるが，担保物権（質権や抵当権）を設定する場合，債務が弁済されないときに債権者が担保資産または担保資産の売却代金により弁済を受ける権利を有する。債務者は，担保資産を資産として計上しているが，それに付された担保物権を負債とは別に処理することはない。

通常，担保が付された負債は，無担保である以外は同一条件の負債と比較して，負債に係る条件（金利等）が債務者にとって有利になる。したがって，担保は市場参加者が算定日において負債の時価を算定する際に考慮する負債の特性であり，担保が付された負債の時価の算定にあたっては，担保の影響を反映する必要があると考えられる（設例８参照）。

設例８　負債の時価の算定における担保の影響

１．前提条件

⑴　企業Ａは，金融機関Ｂから，期間５年，期日一括弁済の条件で，100

百万円の借入を行った。

⑵　契約金利は，基準金利1.5％＋1.25％の2.75％である。

⑶　当該借入金の担保として，特定の不動産に抵当権が設定されている。

⑷　企業Ａは，金融機関Ｂから，無担保の場合には，他の条件が同一の借入を行った場合，基準金利1.5％＋２％の3.5％の金利を提示されていた。

２．借入実行日における借入金の時価

借入実行日において，当該借入金の時価は100百万円である。これには担保の影響が反映されている。一方，借入金の契約上のキャッシュ・フロー（年金利支払額2.75百万円および５年後の期日弁済額100百万円）を，無担保で借入を行った場合の金利である3.5％で割り引いた現在価値は97百万円となってしまう。

借入実行日後の時価の算定においても，算定日における担保の影響を考慮する必要がある。

---

④　負債の債務不履行リスクの変動の影響

負債の時価についても，算定日における市場参加者の考慮する仮定を反映しなければならないため，負債の時価の算定にあたり，担保資産の時価や企業自身の信用状態の変動を継続的に考慮する必要がある。

例えば，不動産を担保とする社債を発行している企業の信用状態が発行時から変動しておらず，市場金利の変動もないとしても，社債を発行する企業は，社債の時価の算定にあたり，算定日における担保不動産の時価の影響を反映させる。

一方，企業の信用状態が悪化しても，担保である不動産の時価に変動がなければ，不動産担保付社債の時価は，無担保社債ほど大きくは変動しないことがある（設例９参照）。

設例9　企業自身の信用状態の悪化の不動産担保付社債の時価への影響

1．前提条件

⑴　20X1年7月1日，企業Aは保有する不動産の一部を担保として100百万円の社債を発行した。

⑵　社債発行時の企業Aの信用格付は，AAA格であった。

⑶　20X3年3月31日において，企業Aの信用格付がAAA格からAA－格に低下した。

⑷　20X3年3月31日において，担保である不動産の時価は，社債発行時から変動していない。

2．不動産担保付社債の時価

20X3年3月31日に社債の時価を算定する際，企業Aは，算定日における自身の信用状態および担保不動産の時価の影響を考慮する必要がある。

企業Aは，AA－格の無担保社債から算定される自身の信用スプレッドの拡大により，無担保の場合の社債の時価は10%下落した90百万円と算定した。しかし，担保不動産の時価は変動していないことから，社債の元利金の保全状況は維持されている。したがって，当該発行社債の時価は，10%までは下落しないかもしれない。

企業Aは，自身の信用状態の悪化による当該負債に係る不履行リスクの増加は，担保によって部分的に相殺されると判断し，当該社債と類似する担保付社債から観察される信用スプレッドに基づいて，当該社債の時価は7百万円下落した93百万円と算定した。

6　負債または払込資本を増加させる金融商品の移転に関する制約の影響

負債または払込資本を増加させる金融商品の移転に関する制約の影響については，通常は，インプットを調整しないが，移転に関する制約が時価の算定におけるインプットに反映されていないことを認識している場合には，当該制約の影響についてインプットを調整する（時価算定適用指針第46項）。

市場参加者間で，移転に関する制約とともに負債を移転する場合，通常は，移転に関する制約が当該負債に含まれていることを認識したうえで，債権者と債務者の双方が当該負債の取引価格に合意するものと考えられる。すなわち，移転に関する制約の影響は取引価格に反映されていることになるため，追加的な調整は行わないということになる。これは，その後の時価の算定日においても同様である（時価算定適用指針第46項(1)参照）。

7　要求払の特徴を有する金融負債の時価

要求払の特徴を有する金融負債の時価は，要求払の額の支払が要求される可能性のある最も早い日から当該要求払の額を割り引いた金額を下回らないものとされている（時価算定適用指針第23項）。

ASBJの「企業会計基準公開草案第63号「時価の算定に関する会計基準(案)」等に対するコメント」５.「論点の項目」37）の「コメントへの対応」には，「要求払の特徴を有する金融負債については，多くの場合，債権者からの要求に応じて直ちに支払われるものと考えられ，契約上，算定日において制約なく支払われる場合，算定日における時価は要求払の金額になると考えられる。」と記載されている。

しかし，金融機関における要求払預金のような，要求払の特徴を有する金融負債は，現実には，支払が要求される可能性のある最も早い日に支払が行われることはほとんどなく，時価は預金額を当該預金が残存すると企業が予想する期間にわたって割り引いた金額となるようにも思われる。この疑問について，時価算定適用指針の結論の背景では明らかにされていないが，同一の取扱いを定めているIFRS第13号では，結論の根拠として，以下の点に留意したと記載されている（IFRS第13号BC103項）。

- 多くの場合，要求払預金について観察される市場価格は，顧客から金融機関への預入金額（すなわち要求払金額）であること

- IASBは，要求払預金を要求払金額よりも低い金額で認識することにより当該預金受入時に直ちに利得が生じることは不適切と考えていること

第4章 評価技法

1 評価技法の概要

1 評価技法とインプット

時価の算定にあたっては，状況に応じて，十分なデータが利用できる評価技法（そのアプローチとして，例えば，マーケット・アプローチやインカム・アプローチがある。）を用いる。評価技法を用いるにあたっては，関連性のある観察可能なインプットを最大限利用し，観察できないインプットの利用を最小限にする（時価算定会計基準第８項）。

一般に，金融商品の時価は，インプットを評価技法に適用することで算定される。インプットには，株価，為替レート，金利といった市場で観察可能なものと，相関係数，期限前返済率といった市場で観察できないものがある（第５章1参照）。時価を算定する時点でのこれらインプットのデータを現在価値技法やオプション価格モデルといった評価技法に適用し，時価が算定される。評価技法とインプットは，時価を算定する対象である金融商品の契約条件など，その特性に応じて，適切なものを利用する。金融商品ごとの評価技法については本章2から7で述べる。

図表４－１に時価算定のイメージを示す。例えば，上場株式の相場価格など，１つのインプットを調整せずに使用する方法も評価技法に該当する。この場合，

図表４－１　時価算定のイメージ

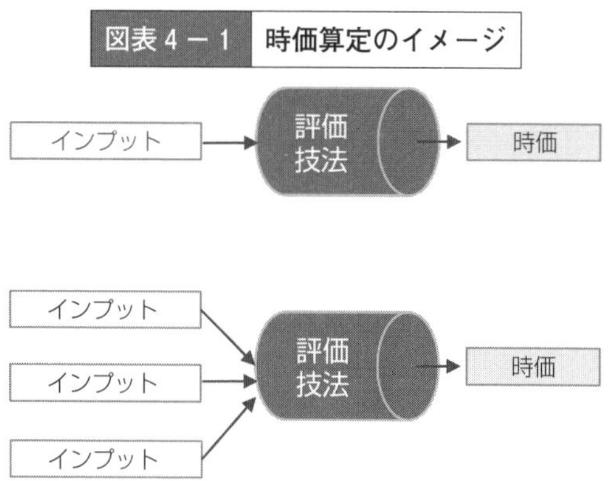

結果としてインプットそのものが時価になる。また，複数のインプットがあり，それらを評価技法に適用して時価が算定される場合もある。

なお，複雑な金融商品の時価の算定にあたっては，複数の評価技法を用いることも考えられる。時価の算定にあたって複数の評価技法を用いる場合には，複数の評価技法に基づく結果を踏まえた合理的な範囲を考慮して，時価を最もよく表す結果を決定する（時価算定会計基準第９項）。例えば，デリバティブが組み込まれた債券の時価の算定にあたって，元本部分とデリバティブ部分に分離できる場合，元本部分の時価算定には現在価値技法を適用し，デリバティブ部分の時価算定にはオプション価格モデルを適用することが考えられる。

2　主な評価技法

時価を算定するにあたって用いる評価技法には，例えば，図表４－２に掲げる３つのアプローチがある（時価算定適用指針第５項）。

金融商品の時価の算定にあたっては，マーケット・アプローチとインカム・アプローチのいずれかが用いられることが多い。さらに，多くの金融商品の時価算定で用いられ，また，商品種類に応じて，方法も多岐にわたるのがインカム・アプローチである。

図表4－2　3つの評価技法

アプローチ	内　容	具体例
マーケット・アプローチ	同一または類似の資産または負債に関する市場取引による価格等のインプットを用いる評価技法	倍率法，マトリックス・プライシング
インカム・アプローチ	利益やキャッシュ・フロー等の将来の金額に関する現在の市場の期待を割引現在価値で示す評価技法	現在価値技法，オプション価格モデル
コスト・アプローチ	資産の用役能力を再調達するために現在必要な金額に基づく評価技法	-

3　評価技法の変更

時価の算定に用いる評価技法は，毎期継続して適用する。当該評価技法またはその適用（例えば，複数の評価技法を用いる場合のウェイト付けや，評価技法への調整）を変更する場合は，会計上の見積りの変更（企業会計基準第24号「会計方針の開示，会計上の変更及び誤謬の訂正に関する会計基準」第4項(7)）として処理する（時価算定会計基準第10項）。

評価技法またはその適用を変更する場合としては，時価の精度をより高めることとなる場合があるが，その状況としては，例えば，以下のものがある（時価算定適用指針第6項）。

(1)　新しい市場が出現すること
(2)　新しい情報が利用可能になること
(3)　これまで使用していた情報が利用できなくなること
(4)　評価技法が向上すること
(5)　市場の状況が変化すること

上記(2)の例として，インプットを調整せずに使用する方法以外の評価技法を用いている場合，活発な市場における相場価格が利用可能となったときには，限定的な例外を除いて，当該価格を調整せずに時価の算定に使用しなければならなくなることがある（時価算定会計基準第11項(1)参照）。

上記(3)または(5)の例として，以下の場合には，状況によって，インプットを調整せずに使用する方法から，その他の評価技法（現在価値技法等）への変更が適切となることがある。

- 同一の資産または負債の相場価格が利用できなくなる。
- 相場価格は利用可能ではあるが，市場が活発ではなくなる。ただし，たとえ市場が活発でない場合でも，時価を算定する際に，関連性のある観察可能な取引の取引価格は考慮しなければならない（第6章5 **5** 参照）。
- 企業が，価格情報が提供される市場を利用できなくなる。ただし，時価の算定日において特定の資産の売却または特定の負債の移転ができる必要はない（第2章6 **4** 参照）。
- 相場価格が関連する観察可能な市場に基づくものではなくなり，かつ，市場参加者が資産または負債の時価を算定する際の仮定を反映したものではなくなる（第6章6 **5** 参照）。

取引の数量または頻度が低下したのみでは，取引価格または相場価格が時価を表していないとも当該市場の取引が秩序あるものではないともいえない（第3章1 **1** 参照）ため，必ずしも評価技法の変更を正当化することにはならない。

評価技法を変更し，他の評価技法を選択することが適切な場合，関連する観察可能なインプット（例えば，類似する資産または負債の相場価格を適切に調整した価格）を最大限利用し，観察できないインプットの利用を最小限にしなければならない（**1** 参照）。

上記(5)に対応する上記(4)の具体例として，2016年に日本銀行によるマイナス金利政策が導入され，市場金利がマイナスになった際，金利オプションの評価技法について，従来のプラスの金利を前提としたオプション価格モデルから，マイナス金利もインプットとして用いることができるオプション価格モデルへの変更が行われたことがある。

4　現在価値技法

2で取り上げた3種類の評価技法のうち，商品種類に応じて，方法も多岐にわたるのがインカム・アプローチである。インカム・アプローチの具体例として現在価値技法とオプション価格モデルがある。まず，現在価値技法について説明する。

現在価値技法には，リスクの調整方法および用いるキャッシュ・フローの種類により，例えば，図表4－3に掲げた方法がある（時価算定適用指針第35項(4)）。

図表4－3　現在価値技法

方　法	内　　容
割引率調整法	リスク調整後の割引率と，契約上のもしくは約束された，または最も可能性の高いキャッシュ・フローを用いる方法
期待現在価値法（確実性等価法）	リスク調整後の期待キャッシュ・フローと信用リスクフリーレートを用いる方法
期待現在価値法（リスク調整法）	リスク調整を行わない期待キャッシュ・フローと，市場参加者が要求するリスク・プレミアムを含めるように調整した割引率（割引率調整法で用いる割引率とは異なる）を用いる方法

いずれの方法も，何らか将来キャッシュ・フローを見積り，割引率を適用して割引計算を行い，現在価値を算定する（図表4－4参照）。

このうち，キャッシュ・フローの見積りに関して，割引率調整法は，発生し得ると考えられる単一のキャッシュ・フローを用いる方法であり，当該キャッシュ・フローは特定の事象の発生を条件とする（例えば，債務者の債務不履行が発生しないことを条件とする。）（時価算定適用指針第35項(5)）。

これに対して，確実性等価法とリスク調整法の2つの期待現在価値技法は，将来キャッシュ・フローの見積りに期待値（発生し得ると考えられる金額を確率で加重平均した金額）を用いる方法であり，当該キャッシュ・フローは，発

図表4－4　現在価値技法のイメージ

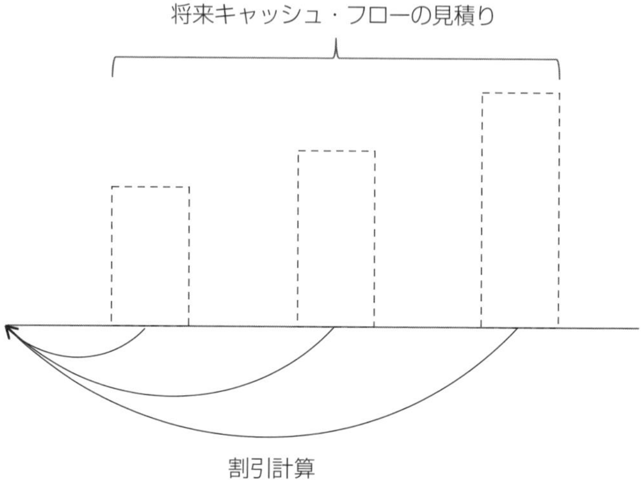

生し得るすべてのキャッシュ・フローが確率加重されているものであるため，特定の事象の発生を条件とするものではない（時価算定適用指針第35項(6)）。

さらに，確実性等価法では，特定の資産または負債に固有のものではない市場におけるリスクを期待キャッシュ・フローに反映するように調整する（時価算定適用指針第35項(6)①）。

次に，割引率について，割引率調整法では，市場で取引されている類似の資産または負債についての観察可能な利回りから算出する（時価算定適用指針第35項(5)）。確実性等価法では，信用リスクフリーレートを適用する（時価算定適用指針第35項(6)①）。リスク調整法では，特定の資産または負債に固有のものではない市場におけるリスクを信用リスクフリーレートに加算して割引率を算定する（時価算定適用指針第35項(6)②）。

割引率調整法で割引率を算出するにあたって，資産または負債が類似のものかどうかを判断する際には，以下の要因を考慮する（時価算定適用指針第35項(5)）。

- キャッシュ・フローの性質（例えば，キャッシュ・フローが契約上のものであるのか，経済状況の変化に同様に反応するのか等）
- その他の要因（例えば，信用度，担保，デュレーション，制限条項，流動性等）

なお，単一の類似の資産または負債が，時価の算定対象となる資産または負債のキャッシュ・フローに固有のリスクを適切に反映していない場合には，複数の類似の資産または負債に関するデータについて，信用リスクのないイールド・カーブを用いて割引率を算出することができる可能性がある。

割引率調整法の具体例として，１年後に100円を受け取る契約を考える。いま，この契約と同等の支払リスクを有する期間１年の金融商品の利回りが１％であることが市場で観察されているとする。割引率は，

$$1 \div (1+1\% \times 1)=0.99$$

であり，この契約の割引現在価値は，

$$100 \times 0.99=99$$

となる。

次に，期待現在価値法の具体例として，１年後の期待キャッシュ・フローが以下のとおりである契約を考える。

生じ得るキャッシュ・フロー	確率	確率加重キャッシュ・フロー
100	20%	20
200	50%	100
300	30%	90
期待キャッシュ・フロー		210

期間１年の信用リスクフリーレートが0.5%だとする。また，この契約と同じリスク・プロファイルを有する資産に対して，市場参加者が要求するリスク・プレミアムが1.5%だとする。

確実性等価法は，リスク調整後の期待キャッシュ・フローと信用リスクフ

リーレート0.5%を用いる方法である。まず，リスク調整後の期待キャッシュ・フローは，

$$210 \times (1+0.5\% \times 1) \div \{1+(0.5\%+1.5\%) \times 1\}=207$$

となる。また，信用リスクフリーレート0.5%の割引率は，

$$1 \div (1+0.5\% \times 1)=0.995$$

であり，割引現在価値は，

$$207 \times 0.995=206$$

である。

リスク調整法は，リスク調整を行わない期待キャッシュ・フロー210と，市場参加者が要求するリスク・プレミアムを含めるように調整した割引率を用いる方法であり，割引率は，

$$1 \div \{1+(0.5\%+1.5\%) \times 1\}=0.98$$

となり，割引現在価値は，

$$210 \times 0.98=206$$

である。確実性等価法での結果とリスク調整法での結果は一致している。

実際に時価の算定に現在価値技法を用いるにあたっては，以下の点に留意することが必要である（時価算定適用指針第35項）。

(1) 市場参加者の観点から算定日における次の要素のすべてを考慮する。
① 対象となる資産または負債の将来キャッシュ・フローの見積り
② キャッシュ・フローに固有の不確実性を表すキャッシュ・フローの金額および時期の変動の可能性についての予想
③ 貨幣の時間価値（信用リスクフリーレート）

④　キャッシュ・フローに固有の不確実性を負担するための対価（リスク・プレミアム）

⑤　その状況において市場参加者が考慮に入れる他の要素

⑥　負債については，負債の不履行リスク

このうち②と④について，例えば，貸付金の時価算定にあたっては，借手の信用リスクをキャッシュ・フローやリスク・プレミアムに考慮する。加えて，住宅ローンのように期限前返済が一定程度想定される場合や，カード・ローンのように回収コストが相応に必要な場合など，商品の特性に応じて，考慮する要素を検討する。

(2)　現在価値技法の使用における一般的な原則は，次のとおりである。

①　キャッシュ・フローおよび割引率は，市場参加者が資産および負債の時価を算定する際に用いる仮定を反映する。

②　キャッシュ・フローおよび割引率は，対象となる資産または負債に起因する要因のみを考慮する。

③　リスク要因の影響を二重に計算しないように，またはリスク要因の影響が除かれないように，割引率はキャッシュ・フローに固有の仮定と整合する仮定を反映する。例えば，貸付金のキャッシュ・フローとして契約上のキャッシュ・フローを用いる場合には，割引率は将来の債務不履行に関する予想を反映する（割引率調整法）。一方，期待キャッシュ・フローを用いる場合には，当該期待キャッシュ・フローに将来の債務不履行に関する不確実性に係る仮定がすでに反映されているため，割引率調整法と同じ割引率ではなく，当該期待キャッシュ・フローに固有のリスクと整合的な割引率を用いる（期待現在価値法）。

④　キャッシュ・フローおよび割引率に関する仮定は，相互に整合的なものとする。例えば，物価上昇の影響を含む名目キャッシュ・フローは，物価上昇の影響を含んだ割引率で割り引き，物価上昇の影響を除く実質キャッシュ・フローは，物価上昇の影響を除く割引率で割り引く。また，同様に，税引後のキャッシュ・フローは税引後の割引率で割り引き，税引前のキャッシュ・フローは，当該キャッシュ・フローと整合する割引率で割り引く。

⑤　割引率は，キャッシュ・フローが表示される通貨の基礎的な経済的要因と整合したものとする。

(3)　現在価値技法においては，キャッシュ・フローの見積りに不確実性が存在するため，市場参加者がキャッシュ・フローに固有の不確実性に対する対価として要求する金額を反映するリスク・プレミアムを含める。適切なリスク・プレミアムの決定に関する困難さの度合いのみでは，リスク・プレミアムを含めない十分な根拠とはならない。

また，取引価格が当初認識時の時価であり，当初認識より後における時価を算定するために観察できないインプットを使用する評価技法が用いられる場合には，当初認識時において評価技法を用いた結果が取引価格と同一となるように，評価技法を補正する必要があると考えられる（時価算定適用指針第34項）ことに留意が必要である。

貸付金，借入金，定期性預金などの時価は，将来の債務不履行に関する予想を反映する必要はあるが，現在価値技法を用いて，比較的単純に算定することができる。ただし，時価算定会計基準における時価は出口価格であり，入口価格ではない（第2章3参照）ため，従来よく見られた，元利金の合計額を同様の新規取引を行った場合に想定される利率で割り引いて時価を算定する実務は，当該利率が，市場参加者が資産または負債の時価を算定する際の仮定を反映したものでない限り，認められなくなる点に留意が必要である。

5　ブート・ストラップ法

現在価値技法では，将来キャッシュ・フローの見積りと割引計算が必要だが，割引計算に適用する割引率DF（ディスカウント・ファクター）を市場金利から算定する方法が「ブート・ストラップ法」と呼ばれる技法である。また，例えば，金利スワップでは，ブート・ストラップ法を用いることで，割引率を算定することに加えて，市場が期待している将来の金利（インプライド・フォワード・レート）を算定し，最終的に時価を算定することが可能である。

ブート・ストラップ法は，時価の算定にあたり重要な技法であるので，ここで簡単な例を見てみる。下表のように6カ月LIBORが0.5%，1年スワップ（半年ごとに固定金利と6カ月LIBORを交換する取引）金利が1.0%であったとする。

期間	金利
6カ月　LIBOR	0.5%
1年　スワップ金利	1.0%

まず，6カ月の割引率DF(0.5)は以下の式により算定できる（なお，厳密には，取引開始日は2営業日後であったり，日数計算を正確に行ったりする必要

があるが，簡易的に６カ月の利息計算期間を0.5年，利払日を0.5年ごととしている）。

$$DF(0.5)=\frac{1}{1+0.5\%\times0.5}=0.9975$$

なお，この式を変形すると以下になる。

$$(1+0.5\%\times0.5)\times DF(0.5)=1$$

この式は，元金１を0.5年間，利率0.5%で運用した場合の元利金を0.5年分割引計算すると元金１に戻るということを表していると考えられる。さらに別の変形を行ってみる。

$$1+0.5\%\times0.5=\frac{1}{DF(0.5)}$$

この式の左辺は元金１を0.5年間，利率0.5%で運用したとした場合の元利金であり，右辺は0.5年の割引率の逆数である。このことから，割引率の逆数は将来価値を表していると考えられる。

次に，１年の割引率DF(1)を，１年スワップ金利を用いて算定する。現在時点での１年スワップのキャッシュ・フローのイメージを描くと図表４－５のようになる。

図表４－５　１年スワップのキャッシュ・フローのイメージ

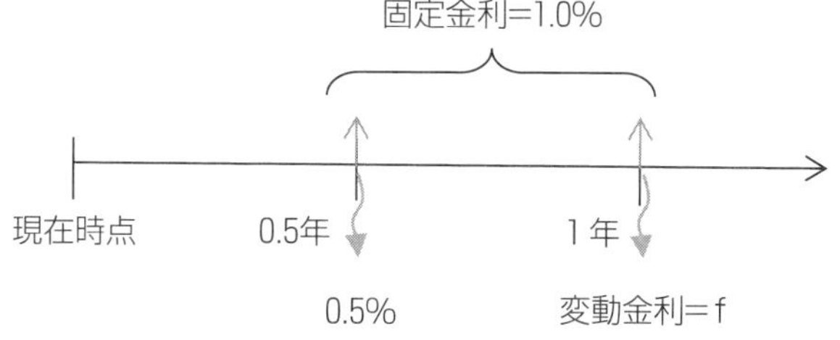

下向きの変動金利側について，0.5年後に発生するキャッシュ・フローに適用される金利は，現在時点の６カ月LIBORで0.5%であり，0.5年後に確定し，

1年後にキャッシュ・フローが発生する変動金利が現在時点では不明であるため，fと記している。現在の1年スワップ金利が1.0%であることから，この1.0%の割引現在価値と変動金利側の割引現在価値が等しいと考えた場合のfの値を求めてみる。

まず，固定金利側の割引現在価値は以下の式で算定される。

$$\text{固定金利側の割引現在価値}=1.0\%\times0.5\times DF(0.5)+1.0\%\times0.5\times DF(1)$$

右辺の第1項は0.5年後の1.0%のキャッシュ・フロー（利息計算期間は0.5年）に0.5年の割引率を掛け算して得られる現在価値であり，第2項は1年後の1.0%のキャッシュ・フロー（利息計算期間は0.5年）に1年の割引率を掛け算して得られる現在価値である。同様に，変動金利側の割引現在価値は以下の式で算定される。

$$\text{変動金利側の割引現在価値}=0.5\%\times0.5\times DF(0.5)+f\times0.5\times DF(1)$$

ここで，fは割引率を用いてどう算定されるのだろうか。先の元金1の運用とその割引率の逆数の議論を適用すれば，以下の式が成り立つ。

$$\frac{1}{DF(0.5)}\times(1+f\times0.5)=\frac{1}{DF(1)}$$

この式の左辺の第1項は元金1の0.5年後の将来価値であり，第2項は，さらにfで0.5年運用した場合の将来価値だから，トータル1年の元利金であり，それは，元金1の1年後の将来価値である右辺と等しくなる。そのイメージを

図表4－6　2通りの将来価値の計算

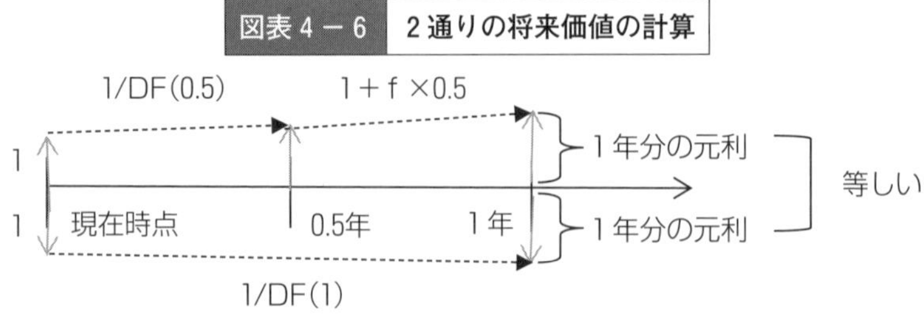

図表4－6で表している。

先の式を変形すると以下になる。

$$f=\frac{1}{0.5}\times\left(\frac{DF(0.5)}{DF(1)}-1\right)$$

fは0.5年後に確定し，1年後にキャッシュ・フローが発生する前提で，市場が期待している将来の金利（インプライド・フォワード・レート）であり，割引率から上の式で算定される。

この結果を先の変動金利の現在価値算定式に代入すると，以下の式が得られる。

$$変動金利側の割引現在価値=0.5\%\times0.5\times DF(0.5)+DF(0.5)-DF(1)$$

固定金利側の割引現在価値と変動金利側の割引現在価値が等しいと考えると，以下が成り立つ。

$$1.0\%\times0.5\times DF(0.5)+1.0\%\times0.5\times DF(1)=0.5\%\times0.5\times DF(0.5)+DF(0.5)-DF(1)$$

DF(0.5)は先に計算済みであるから，値を代入して，DF(1)に関する方程式を解くと，DF(1)は約0.9901となる。また，fは約1.5%となる。

このように期間が短い割引率から順次算定していく技法がブート・ストラップ法である。そして，上で見たように，割引率が求まれば，インプライド・フォワード・レートを算定することができる。

4で述べたように，インカム・アプローチでは，現時点で市場が期待している将来キャッシュ・フローの算定と割引計算がポイントであるが，簡易的とはいえ，ここで取り上げた例を見ると，ブート・ストラップ法で実現していることがわかる。

さて，ここまでの説明では，将来キャッシュ・フローの算定にも，割引計算にも，変動金利として6カ月LIBORが想定されていた。実際には，インターバンク市場で取引される，変動金利が6カ月LIBORである金利スワップの金利は，割引計算にオーバーナイト・インデックス・スワップ（Overnight Index Swap，OIS）金利を使用する前提での金利が提示されることが多く，その点について補足する。

OIS金利による割引計算導入の背景として，2008年頃の金融危機を経て，相対のデリバティブ取引で，時価変動に対応する現金担保を日々授受する市場慣行が広まったこと，また，一定の要件を満たす場合には，証拠金を差し入れることが求められている中央清算機関で清算することが義務付けられたことが挙げられる。

この現金担保や証拠金に付される金利として採用されているのが翌日物金利であり，日本円の場合，無担保コールオーバーナイト物金利（TONA）である。このため，TONAを割引計算に適用する金利として採用する動きが広まった。

TONA自体は翌日物金利であるため，1営業日分の金利だが，これを変動金利として，固定金利と交換するスワップであるOISは，さまざまな期間が取引されている。なお，利息計算期間中の変動金利は，日々のTONAが複利計算される。

図表4－7　OISのキャッシュ・フローのイメージ

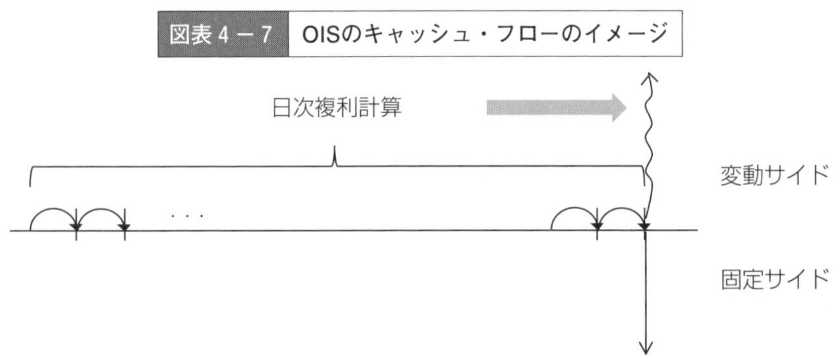

このOISの金利データをブート・ストラップ法に適用すれば，さまざまな将来時点に対応するOISの割引率を算定することができる。

さて，金利スワップの例に戻ると，以下が成立していた。

固定金利側の割引現在価値＝1.0%×0.5×DF(0.5)+1.0%×0.5×DF(1)
変動金利側の割引現在価値＝0.5%×0.5×DF(0.5)＋f×0.5×DF(1)

OIS金利による割引計算とは，この式の中のDF(0.5)やDF(1)に，OISの金利データから得られたOISの割引率を適用することである。インターバンク市場での金利スワップは，OIS割引を前提として金利データが提示されており，固定金利側の割引現在価値と変動金利側の割引現在価値が等しいと考えると，以下が成り立つ。

1.0%×0.5×DF(0.5)+1.0%×0.5×DF(1)＝0.5%×0.5×DF(0.5)＋f×0.5×DF(1)

ここで，OISの割引率DF(0.5)やDF(1)がすでに算定されているとすると，上式の中で未知数はfだけであるから，方程式を解くことで6カ月LIBORのインプライド・フォワード・レートfが算定される。fは0.5年後に確定し，1年後にキャッシュ・フローが発生する前提で，市場が期待している将来の6カ月LIBORであり，OISの金利データと6カ月LIBORを変動金利とする金利スワップの金利データから算定されている。

繰り返しになるが，インカム・アプローチでは，現時点で市場が期待している将来キャッシュ・フローの算定と割引計算がポイントであり，この例では，割引計算はOIS金利を，将来キャッシュ・フローの算定はOIS金利と金利スワップの金利をブート・ストラップ法に適用して実施している。

なお，ここでは日本円が担保である前提でTONAを取り上げたが，米ドルが担保の場合，ユーロが担保の場合など，担保通貨に応じて，割引計算に適用する金利が変わる点に留意が必要である。

6　オプション価格モデル

インカム・アプローチには現在価値技法のほかにオプション価格モデルがある。以下では，オプション価格モデルについて説明する。

代表的なオプション価格モデルにブラック・ショールズ（Black Scholes）・モデルがある。ブラック・ショールズ・モデルでは，原資産価格，無リスク金利等が決まると，ヨーロピアン・オプション（満期にのみ権利行使が可能なオプション）の価格を算定することができる。そして，これらの値には市場で観察可能なインプットを適用するか，観察できない場合には，類似銘柄から推測するなど，何らか合理的に見積ったインプットを適用する。

なお，ブラック・ショールズ・モデルでのヨーロピアン・コール・オプションの価格Vは以下の式で与えられる。

$$V=S\cdot N(d_1)-K\cdot e^{-r(T)\cdot T}\cdot N(d_1-\sigma\sqrt{T})$$

ここで，Sは原資産価格，Kは権利行使価格，Tは権利行使までの期間，r(T)は時点Tまでの無リスク金利，σはボラティリティ，Nは標準正規分布関数であり，

$$d_1=\frac{\ln(S/K)+(r(T)+\sigma^2/2)T}{\sigma\sqrt{T}}$$

である。

ブラック・ショールズ・モデルに用いるインプットは，観察可能であるか，観察できない場合でも観察可能な類似データから見積ることが可能であるが，他のオプション価格モデルに用いるインプットは，観察できず，観察可能な類似データから見積ることもできないことがある。

例えば，代表的な金利モデルにハル・ホワイト（Hull White）・モデルがある。ハル・ホワイト・モデルには，平均回帰係数，ボラティリティといったパラメータがある。ハル・ホワイト・モデルは，瞬間的な短期金利という具体的に観察できない金利をモデル化していることもあり，これらのパラメータの値は市場で観察できず，一般には観察可能な類似データから見積ることも困難である。

なお，詳細には立ち入らないが，ハル・ホワイト・モデルでは，時点tでの瞬間金利r(t)が，以下の式で与えられる。

$$dr(t)=a(m(t)-r(t))dt+\sigma(t)dW(t)$$

ここで，m(t)は平均回帰水準，aは平均回帰係数，σ(t)はボラティリティ，W(t)は標準ブラウン運動と呼ばれる，確率的な挙動を表す要素である。

ハル・ホワイト・モデルのようなオプション価格モデルを使用する場合には，パラメータの値を何らか推定することが必要であり，このプロセスを「キャリブレーション」と呼ぶ。

なお，キャリブレーションの定義にはさまざまなものがある。例えば，時価算定適用指針第34項に記載されているように，取引価格が当初認識時の時価であり，当初認識より後における時価を算定するために観察できないインプットを使用する評価技法が用いられる場合に，当初認識時において評価技法を用いた結果が取引価格と同一となるように，評価技法を補正することも，キャリブレーションと呼ばれている。

時価算定の実務においては，しばしば，オプション価格モデルに用いるインプットに観察できないものがあり，さらに観察可能な類似データから見積ることもできないような場合に，パラメータの値を推定することを「キャリブレーション」と呼んでいる。本章では，この意味でキャリブレーションという用語を用いることとする。

ハル・ホワイト・モデルは，パラメータの値を決めれば，金利のオプション，例えばヨーロピアン・スワップションの時価を算定することができるモデルである。逆にいえば，市場で観察可能なヨーロピアン・スワップションの価格と整合するように，ハル・ホワイト・モデルのパラメータの値を決めればよいと考えられる。

本章3 9で述べるように，スワップションにはさまざまなオプション期間やスワップ期間に対応した取引があるため，そのすべての価格に一致するようにハル・ホワイト・モデルのパラメータの値を決めることはできない。このため，時価を算定する金融商品にオプション期間やスワップ期間などの特性が類似しているスワップション取引を（通常複数）選択し，市場で観察可能なそれらの価格と，ハル・ホワイト・モデルにより算定されるそれらの価格が，なるべく近くなるようなハル・ホワイト・モデルのパラメータの値を，最適化計算の手法などを用いて推定する。この一連のプロセスがキャリブレーションである。

キャリブレーションを行うと，モデルのパラメータの値がすべて決まるため，将来の金利や株価などに関するモデルの仮定がすべて揃うことになる。ある意味，これがスタート地点となり，このモデルの仮定に基づき，個別の金融商品の時価の算定を行う。その際には，格子モデルやモンテカルロ・シミュレーションなど，7で述べる数値計算を行う。

7　オプション価格モデルにおける数値計算

オプション価格モデルのうち，ブラック・ショールズ・モデルではヨーロピアン・オプションの価格式が与えられている。実際には，このように価格式が与えられているケースは限定的であり，オプションを評価する場合，一般には，何らかの数値計算を行って時価を算定することになる。ここでは，数値積分，格子モデル，モンテカルロ・シミュレーション，偏微分方程式の数値解法を紹介する。

①　数値積分

まず，先に述べたように，インカム・アプローチとは，将来キャッシュ・フローの現在の市場の期待を割引現在価値で示す評価技法である。

具体的には，一定の前提のもとで，何らかの割引現在価値の期待値を算定することである。期待値を算定するということは，大まかには，想定されるさまざまな将来の値について，その値が生じる確率で重み付けて平均を計算するということである。

この確率が，例えば，正規分布のように，連続的に与えられているとすると，期待値は積分で表される。このため，インカム・アプローチで時価を算定する際に，数値的に積分を計算する必要がある場合がある。このような計算を「数値積分」と呼んでいて，さまざまな計算手法が知られている。

②　格子モデル

次に，格子モデルについて説明する。代表的な格子モデルに二項モデルがある。例えば，時点 t= 0 での株価が1,000円だとする。図表 4 － 8 ではAである。1 時点後の t= 1 では，株価が1.1倍の1,100円になる場合（図表のB）と，1 ÷ 1.1=0.909倍の909円になる場合（図表のC）を想定しておく。さらに 1 時点後の t= 2 でも同様に，株価が1.1倍になる場合と0.909倍になる場合を想定する。Bの株価が0.909倍になる場合とCの株価が1.1倍になる場合はいずれも株価が1,000円なので，図表のEとしてひとまとめにしている。また，割引率として使用する無リスク金利 r を 1 %とし，各状態で株価が1.1倍になる確率をP，0.909倍になる確率を 1 － Pとしている。

図表 4 － 8　二項モデルの例

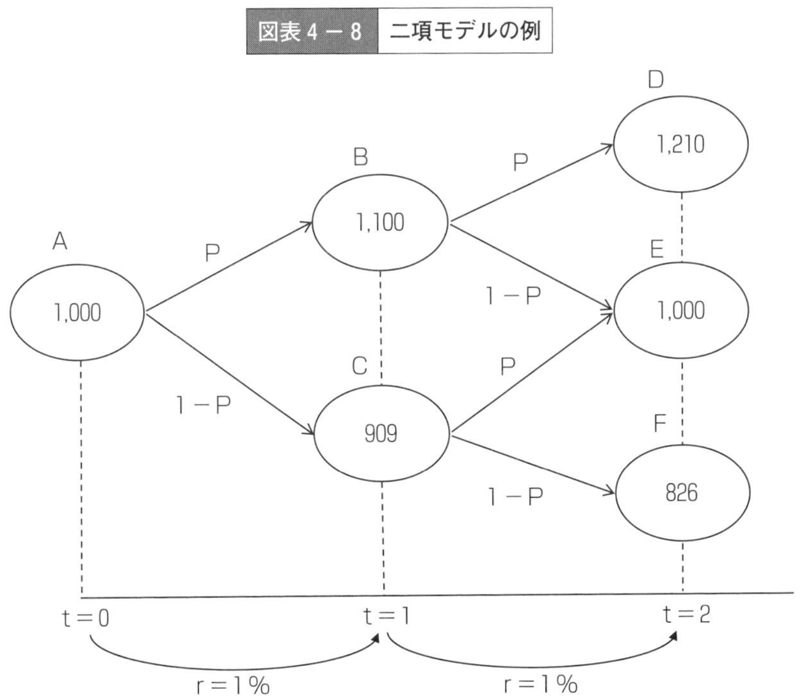

図表のように，ある状態から移ることが可能な次の状態が2つあるため，「二項モデル」と呼んでいる。

ここでは例として，t＝2で権利行使可能な，権利行使価格が1,000円の，株式のヨーロピアン・コール・オプションを考えてみる（図表4－9）。t＝2でのキャッシュ・フローは，Dでは権利行使して1,210－1,000=210円，EとFでは権利を行使せず0円である。t=1では，Bの場合はDとEの割引現在価値の期待値，Cの場合はEとFの割引現在価値の期待値が，それぞれの状態での価値と考えられる。

$$\text{Bでの価値} = \frac{P \times 210 + (1-P) \times 0}{1+1\% \times 1}$$

図表4－9　二項モデルでのオプション価値

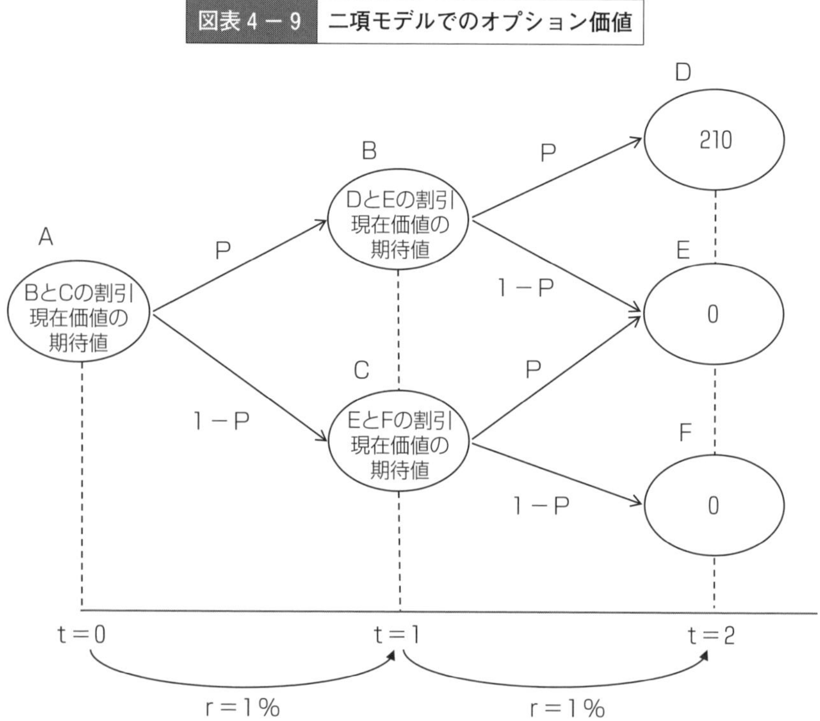

Cでの価値は，EもFも0円の価値なので0円である。同様に考えることで，Aでの価値を算定することが可能である。このように，将来の株価に連動するキャッシュ・フローの割引現在価値の期待値を算定することで時価を算定する。

時価算定で使用されるオプション価格モデルでは，ここまでPとしてきた確率として，リスク中立確率と呼ばれる確率が通常使用される。具体的には，将来の株価の割引現在価値の期待値が現在の株価と等しくなるような確率である。

$$\frac{1{,}100 \times P + 909 \times (1 - P)}{1 + 1\% \times 1} = 1{,}000$$

これを解くとP=0.53である。こうして，将来の株価とその確率が定められたので，株価に連動する将来のキャッシュ・フローの割引現在価値の期待値を算定することが可能である。

③　モンテカルロ・シミュレーション

続いて，モンテカルロ・シミュレーションについて説明する。時価算定にあたって将来キャッシュ・フローの割引現在価値の期待値を算定すると先に述べたが，実際にさまざまな将来シナリオを作成し，各シナリオに基づく将来キャッシュ・フローを発生させて，それらの割引現在価値の期待値を算定する方法が素朴に考えられる。

例えば，株価に連動する金融商品であれば，将来株価のシナリオを多数発生させて，各シナリオに基づくキャッシュ・フローの割引現在価値の期待値を算定するわけである。将来株価のシナリオに関しては，何らかの確率的な前提を設定し，擬似乱数を適用することで，数値計算を行うことが考えられる。この方法は，「モンテカルロ・シミュレーション」と呼ばれる。

例えば，ブラック・ショールズ・モデルでは，配当のない株価の確率的な前提が以下の式で与えられる。

$$\frac{dS(t)}{S(t)} = r \cdot dt + \sigma \cdot dW(t)$$

ここで，S(t)は時点tでの株価，rは無リスク金利，σはボラティリティ，

W(t)は標準ブラウン運動である。数値計算上はΔtという短い時間間隔を設定して,

$$\frac{S(t+\Delta t)}{S(t)} = r\cdot\Delta t + \sigma\cdot\Delta W(t)$$

とし,ΔW(t)は,平均0,分散がΔtの正規分布に従うので,そうした性質を持つ擬似乱数を適用して,S(t)からS(t+Δt)のように,前の時点の株価から次の時点の株価を算定していくことで,さまざまな将来株価シナリオを作成することが可能である。各シナリオに応じた将来キャッシュ・フローの割引現在価値を算定し,多数あるそれらの期待値を算定することが考えられる。

図表4－10 株価シナリオのイメージ図

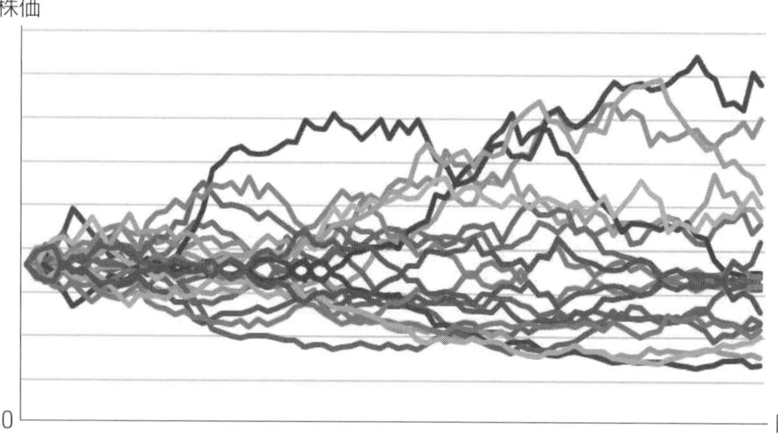

④ 偏微分方程式

最後に,偏微分方程式の数値解法について説明する。例えば,ブラック・ショールズ・モデルでは,配当のない株価に連動するヨーロピアン・オプションの時点tでの価格f(t, S(t))は,以下の偏微分方程式に従う。

$$\frac{\partial f}{\partial t} + r\cdot S\cdot\frac{\partial f}{\partial S} + \frac{1}{2}\sigma^2\cdot S^2\cdot\frac{\partial^2 f}{\partial S^2} - r\cdot f = 0$$

この式に加えて，権利行使時点でどのようなキャッシュ・フローが生じるかに応じて条件（境界条件）が定まり，方程式を解くことでオプション価格を算定することが可能である。数値計算を行う場合には，先ほどのモンテカルロ・シミュレーションと同様に，Δtという短い時間間隔を設定して，例えば，

$$\frac{\partial f}{\partial t}=\frac{f(t, S(t))-f(t-\Delta t, S(t))}{\Delta t}$$

などと計算し，権利行使時点でのfの値から始めて，1つ前の時点の値をさかのぼって求めていくことで，時点0での価格を算定することが考えられる。これは「有限差分法」と呼ばれる，偏微分方程式の数値解法である。

2 有価証券の種類別の評価技法

1　上場株式

上場株式については，通常，取引所価格により時価が算定されると考えられる。なお，大量に保有している場合であっても調整を行わないこととされていることなどに留意が必要である（第5章3 2および3参照）。

2　非上場株式

時価算定会計基準の設定に伴い，金融商品会計基準第19項が改正され，従来どおり，市場において取引されていない株式は，取得原価をもって貸借対照表価額とすることになる（第7章5参照）。

ただし，種類株式については，市場で取引されていなくとも，債券と同様の性格を持つと考えられるもの，および転換を請求できる権利を行使して容易に市場価格のある普通株式に転換し取引できる（例えば，現時点で保有者によって市場価格のある普通株式に転換請求が可能であって，ディープ・イン・ザ・マネーの状態にある）ものは，市場において取引されていない株式として扱わ

れないことに留意が必要である（実務対応報告第10号「種類株式の貸借対照表価額に関する実務上の取扱い」Ｑ１のＡおよびＱ２のＡ参照）。

3　国債・地方債・普通社債

公社債のうち，国債，地方債，普通社債等については，通常，市場における同一の銘柄に関する相場価格により時価が算定されると考えられる。活発な市場における相場価格が利用可能でなく，観察可能な相場価格がない場合には，市場における類似の銘柄に関する相場価格を調整した価格（マトリックス・プライシングを含む。）を採用したり，市場金利や発行体の信用リスクを考慮し，将来キャッシュ・フローの割引現在価値を算定したりすることが考えられる。

例えば，前者の方法は，15年変動利付国債，縁故地方債などの時価算定に適用されることが想定される。この場合，インプットとしては類似銘柄の価格や利回り，あるいはそれらから算定されるスプレッド（利回差）などが想定される。加えて15年変動利付国債については，クーポンにフロア（下限）が付いていることから，そのオプション価値を算定する際に，関連するボラティリティもインプットとして用いることが考えられる（本章3 11参照）。

4　転換社債

転換社債型新株予約権付社債等の転換社債について，取得者および一括法を採用した発行者においては，複合金融商品である転換社債全体が時価の算定単位となる（企業会計基準適用指針第17号「払込資本を増加させる可能性のある部分を含む複合金融商品に関する会計処理」（以下「適用指針第17号」という。）第18項(1)および第20項参照）。

転換社債の時価は，通常，ブローカー，情報ベンダー等から入手した相場価格か，何らかの評価技法，具体的には将来の金利や株価に一定の前提を置いたモデルにより算定された価格により時価が算定されると考えられる。

モデルでは，転換社債が内包する株式オプションの価値を考慮するため，将来の市場金利や株価のシナリオを想定し，社債として継続保有する場合の価値と株式に転換する場合の価値を比較して有利なほうを選択するとの前提のもと，将来価値の割引現在価値の期待値を算定することが考えられる。

例えば，株価にブラック・ショールズ・モデルを適用し，格子モデルで算定することが考えられる。この場合，インプットとしては株価，無リスク金利，ボラティリティ，類似銘柄の価格や利回り，あるいはそれらから算定されるスプレッドなどが想定される。

なお，社債として償還される満期時点以外の各格子では，社債として継続保有するか，株式に転換するかの二者択一であることから，社債部分と株式オプション部分が一体となって時価算定される点に留意が必要である。また，例えば発行体による買入償還条項（コール条項）が付いている場合など，上記2つ以外の選択肢が想定される場合には，それも考慮に入れて時価を算定することになる点に留意が必要である。

転換社債について区分法を選択した発行者は，社債の対価部分と新株予約権の対価部分に区分して会計処理する（適用指針第17号第18項(2)参照）ため，時価の算定単位も区分することになる。

上記のように，転換社債の時価は，転換社債全体として算定されるものであるため，社債の対価部分と新株予約権の対価部分を区分するにあたり，まず，社債の対価部分の時価（**3**参照）を算定して負債の当初計上額とし，当該金額を転換社債全体の時価から控除した残額を新株予約権の対価部分として純資産の部に計上することになると考えられる。

新株予約権の対価部分の当初計上額は，新株予約権単独の時価とは異なると考えられるが，純資産の部に計上されることとなる新株予約権については，発行後において，貸借対照表価額としても，注記事項としても，時価を算定する必要はない（適用指針第17号第4項から第6項および金融商品時価等開示適用指針第2項参照）。

5　デリバティブが組み込まれていない証券化商品

証券化商品については，通常，ブローカー，情報ベンダー等から入手した相場価格か，何らかのモデルにより算定された価格により時価が算定されると考えられる。モデルでは，市場金利，裏付資産が金銭債権の場合，その信用リスク，期限前返済の可能性等を考慮し，将来キャッシュ・フローの割引現在価値の期待値を算定することになると考えられる。この場合，インプットとしてはスワップ金利，デフォルト率，期限前返済率などが想定される。デフォルト率や期限前返済率は通常観察できないことから，過去の実績値などをもとに見積ることが考えられる。

証券化商品のモデル評価の特徴としては，まず，裏付資産の特性によって将来キャッシュ・フローの見積方法が異なることが挙げられる。証券化商品の裏付資産の種類は，法人融資，住宅ローン，アパート・マンション・ローン，オート・ローン，カード・ローンなどさまざまであり，信用リスクや期限前返済の特徴も含めて，キャッシュ・フローの発生の仕方がそれぞれ異なる。このため，こうした特性を個別に考慮して将来キャッシュ・フローを見積ることになる。

もう１つ，証券化商品のモデル評価の特徴として，優先，メザニン，劣後等のようにトランチングされている場合のキャッシュ・フローを配分する順序や，信託報酬等，ストラクチャーの維持に必要なキャッシュ・フローの影響を検討する必要があることが挙げられる。

なお，時価は出口価格であるが，取引日において資産を取得する取引が，当該資産が売却される市場で行われる場合には，当初認識時の時価が取引価格と同一となることが多く（時価算定適用指針第33項参照），そのような場合に観察できないインプットを使用するときには，当初認識時の評価モデルによる結果が取引価格と同一となるように，評価技法を補正する必要があると考えられる（時価算定適用指針第34項参照）ことに留意が必要である。

一般に証券化商品は流動性が低く，モデルによる割引現在価値の期待値を算定する場合には，取引価格との間に差が生じることが想定され，流動性に関するリスク・プレミアムに相当するスプレッドを時価の算定に含めることが考えられる。

6　デリバティブが組み込まれた複合金融商品

デリバティブが組み込まれた複合金融商品は，以下のすべての要件を満たす場合，組込デリバティブを合理的に区分して測定することができないときを除き，組込対象である金融資産または金融負債とデリバティブを区分して会計処理する（企業会計基準適用指針第12号「その他の複合金融商品（払込資本を増加させる可能性のある部分を含まない複合金融商品）に関する会計処理」（以下「適用指針第12号」という。）第3項および第9項）。

(1)　組込デリバティブのリスクが現物の金融資産または金融負債に及ぶ可能性があること
(2)　組込デリバティブと同一条件の独立したデリバティブが，デリバティブの特徴を満たすこと
(3)　当該複合金融商品について，時価の変動による評価差額が当期の損益に反映されないこと

上記の要件(1)または(3)を満たさない場合でも，管理上，組込デリバティブを区分しているときは，区分処理することができ（適用指針第12号第4項），また，デリバティブで得た収益を毎期の利払いに含めず，後で一括して授受するスキームまたは複数年に1回しか利払いがないスキーム等，損益を調整する複合金融商品については組込デリバティブを区分処理する（適用指針第12号第7項）。

このように組込対象である金融資産または金融負債とデリバティブを区分して会計処理する場合，時価の算定単位も，それぞれに区分することになる。

上記以外の場合は，複合金融商品全体が時価の算定単位となる。そのような複合金融商品については，通常，ブローカー，情報ベンダー等から入手した相場価格か，何らかモデルにより算定された価格により時価が算定されると考えられる。モデルでは，複合金融商品に組み込まれているデリバティブの価値を考慮するのと同時に，市場金利，組込対象である金融資産または金融負債の発行体の信用リスク等を考慮し，将来キャッシュ・フローの割引現在価値の期待

値を算定することになると考えられる。

例えば，米ドル建債券を裏付けとし，日本円で発行されるリパッケージ債を見てみる。当該リパッケージ債のキャッシュ・フローは，米ドル建債券と，そのキャッシュ・フローを日本円に変換する通貨スワップの組み合わせにより生み出されていると考えることができる。

図表4－11　リパッケージ債のキャッシュ・フロー

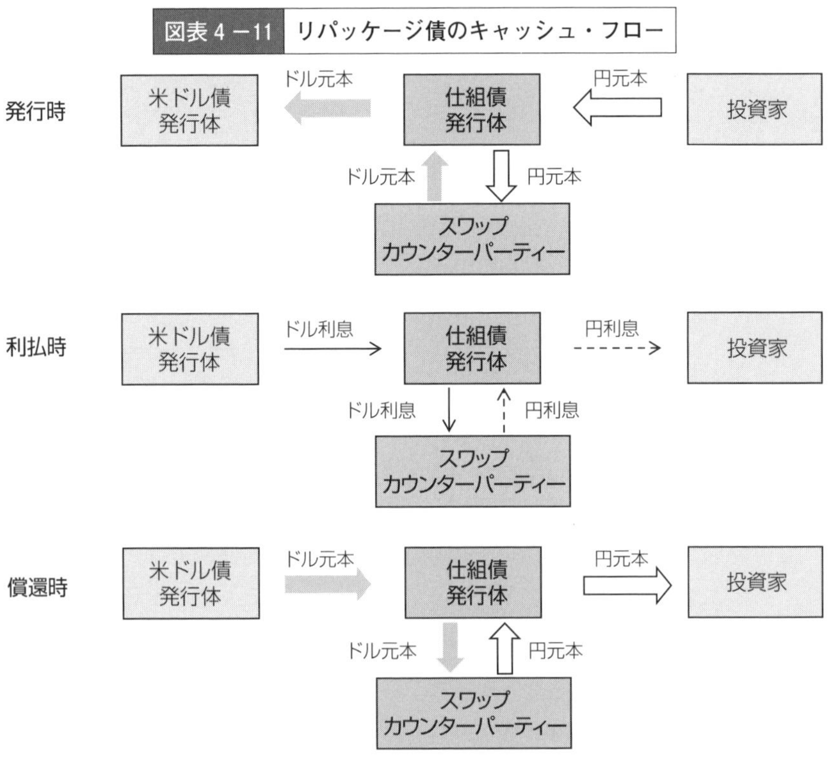

したがって，米ドル建債券の市場価格を入手し，通貨スワップの時価を算定して合計することで，リパッケージ債の時価を算定することが考えられる。この場合，インプットとしては債券価格，日本円スワップ金利，米ドルスワップ金利，通貨ベーシスなどが想定される。

そのほかに，組込デリバティブを合理的に区分して測定することができない金融商品として，例えば，普通株に転換可能な条項と現金での償還が可能な条項が付いた優先株が挙げられる。この場合，モンテカルロ・シミュレーションや格子モデルなどを用いて，株式としての価値と債券としての価値を一体で評価することになると考えられる。

7　投資信託

投資信託の時価の算定に関する取扱いについては，第9章[2] 3を参照。

[3] 金利関連デリバティブの種類別の評価技法

1　上場デリバティブ

上場デリバティブについては，通常，取引所価格により時価が算定されると考えられる。本邦の上場金利デリバティブとしては，ユーロ円金利先物，日本国債先物，日本国債先物オプションなどが挙げられる。

2　金利スワップ

金利スワップについては，通常，取引相手の金融機関から入手した相場価格か，市場金利を考慮して算定された将来キャッシュ・フローの割引現在価値により時価が算定されると考えられる。

主要な通貨での金利スワップの市場金利は，期間が1年の取引から30年程度の取引まで，インターバンク市場で観察可能であり，時価を算定する際のインプットとして用いられると考えられる。例えば，日本円の場合，固定金利と6カ月LIBORを6カ月ごとに交換する金利スワップの金利が観察可能である。

個別取引の時価算定の際には，こうした金利スワップの金利をインプットとして，本章[1] 5で述べたブート・ストラップ法等により将来キャッシュ・フローや割引率を算定し，これを用いて割引現在価値を算定することになると考えられる。

なお，実務上の留意点をいくつか述べる。まず，本章[1] **5**で述べたように，インターバンク市場では，割引計算にOIS金利を使用する前提で取引が行われている。

また，将来的にLIBORの提示が停止される可能性が高まっており，代替金利の議論が進められている。

固定金利といかなる期間のLIBORをいかなるインターバルで交換する金利スワップがインターバンク市場で標準的な取引であるのかは，通貨ごとに異なっている。日本円金利スワップであれば，固定金利と6カ月LIBORを6カ月ごとに交換する金利スワップの金利が観察可能である。個別取引の時価算定の際には，こうした金利スワップが標準的である。変動金利が6カ月LIBOR以外，例えば6カ月間のTONAの日次複利の場合，あるいは3カ月LIBORや6カ月TIBORの場合については**4**から**6**で述べる。

時価算定の説明を簡単にするために，本章[1] **5**では，利息計算期間を一律0.5年としていたが，実際には契約に従って計算する。日本円の場合，インターバンク市場では，通常，固定金利は実日数÷365，6カ月LIBORは実日数÷360で計算する。

3　想定元本が一定でない金利スワップ

インターバンク市場で金利が観察可能な金利スワップは，取引開始時から終了時まで，想定元本が一定である取引が想定されている。実際に金融機関と事業会社などとの間で取引される金利スワップには，ヘッジ対象となるローンの元本返済スケジュールに合わせて，ヘッジ手段である金利スワップの想定元本が一定でない取引もある。

例えば，想定元本が徐々に減少していくアモチゼーション（アモチ）・スワップ，逆に増加していくアキュムレーション（アキュム）・スワップがある。アモチ・スワップでも，利払ごとに均等に想定元本が減少していく取引もあれば，最終利払の前までは比較的少額な均等額ずつ減少していき，最終利払時点でも当初想定元本からさほど減少していない取引もある（テール・ヘビーやバルーンなどと呼ばれることがある。)。

こうした想定元本が一定でない固定金利と６カ月LIBORの取引も，取引相手の金融機関から入手した相場価格か，市場金利を考慮して算定された将来キャッシュ・フローの割引現在価値により時価が算定されると考えられる。割引現在価値を算定する場合には，本章①5で述べたブート・ストラップ法等を用いることが考えられる。

ブート・ストラップ法では，想定元本を１とした場合の説明を行ったが，想定元本が一定でない金利スワップの将来キャッシュ・フローは，各利払に対応する契約上の想定元本に固定金利やインプライド・フォワード・レートと金利のベースとなる期間（365日や360日）に対する利息計算期間の割合を乗じることで計算される。

4　テナー・ベーシス・スワップ

2で述べたように，インターバンク市場で取引される標準的な日本円金利スワップの変動金利は６カ月LIBORである。しかしながら，実際に金融機関同士や，金融機関と事業会社などとの間で取引される金利スワップには，変動金利が３カ月LIBORの取引もある。３カ月LIBORは３カ月ごとに利払を行うが，固定金利は３カ月ごとの場合や６カ月ごとの場合がある。

こうした固定金利と３カ月LIBORの取引も，取引相手の金融機関から入手した相場価格か，市場金利を考慮して算定された将来キャッシュ・フローの割引現在価値により時価が算定されると考えられる。割引現在価値を算定する場合には，本章①5で述べたブート・ストラップ法等を用いることが考えられるが，そこでは変動金利が６カ月LIBORの場合について説明した。３カ月LIBORの将来キャッシュ・フローの算定には，「テナー・ベーシス・スワップ」と呼ばれる，期間が異なる変動金利を交換するスワップの金利（ベーシス）をインプットとして適用することが考えられる。

テナー・ベーシス・スワップは，インターバンク市場で取引されている。例えば，日本円の３カ月LIBORと６カ月LIBORの，期間１年のベーシスが５bp

（＝0.05%）だったとする。この場合，3カ月ごと年4回の3カ月LIBOR＋0.05%と6カ月ごと年2回の6カ月LIBORの交換が行われる。

図表4－12　テナー・ベーシス・スワップの例

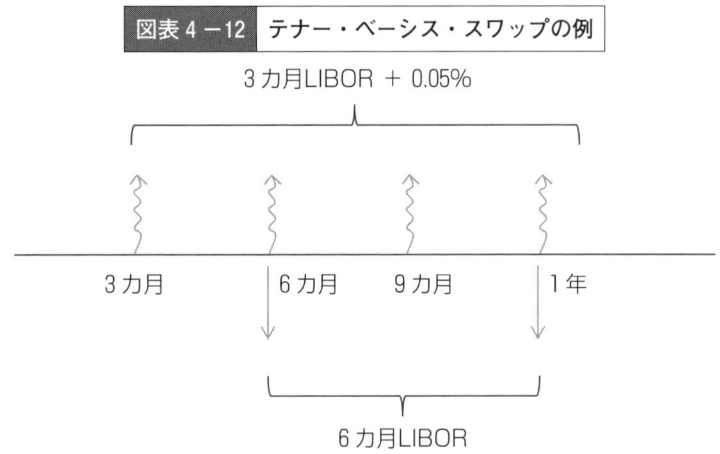

ここで，ブート・ストラップ法により，6カ月LIBORのインプライド・フォワード・レートと，OIS金利による割引率がすでに算定されていたとする。テナー・ベーシス・スワップのベーシスが市場で観察可能であれば，その6カ月LIBOR側の割引現在価値と，3カ月LIBOR＋ベーシス側の割引現在価値が等しくなるように，期間が短い3カ月LIBORのインプライド・フォワード・レートから，順次計算することが可能である。

こうしてさまざまな将来時点に対応した3カ月LIBORのインプライド・フォワード・レートを得られれば，固定金利と3カ月LIBORを交換する金利スワップの時価も，固定金利側の割引現在価値と3カ月LIBOR側の割引現在価値を算定することで，算定できると考えられる。

5　TIBOR-LIBORスプレッド・スワップ

2で述べたように，インターバンク市場で取引される標準的な日本円金利スワップの変動金利は6カ月LIBORである。しかしながら，実際に金融機関同士や，金融機関と事業会社などとの間で取引される金利スワップには，変動金利が６カ月TIBORの取引もある。

こうした固定金利と６カ月TIBORの取引も，取引相手の金融機関から入手した相場価格か，市場金利を考慮して算定された将来キャッシュ・フローの割引現在価値により時価が算定されると考えられる。割引現在価値を算定する場合には，本章①**5**で述べたブート・ストラップ法等を用いることが考えられる。

本章①**5**では変動金利が６カ月LIBORの場合について説明した。６カ月TIBORの将来キャッシュ・フローの算定には，TIBOR-LIBOR（あるいはLIBOR-TIBOR）スプレッド・スワップと呼ばれる，TIBORとLIBORを交換するスワップの金利（スプレッド）をインプットとして適用することが考えられる。TIBOR-LIBORスプレッド・スワップは，インターバンク市場で取引されている。例えば，６カ月TIBORと６カ月LIBORの，期間１年のスプレッドが10bp（＝0.1%）だったとする（図表４－13）。この場合，６カ月ごとの年２回，６カ月LIBOR＋0.1%と６カ月TIBORの交換が行われる。

ここで，ブート・ストラップ法により，６カ月LIBORのインプライド・フォワード・レートと，OIS金利による割引率がすでに算定されていたとする。TIBOR-LIBORスプレッド・スワップのスプレッドが市場で観察可能であれば，

図表４－13　TIBOR-LIBORスプレッド・スワップの例

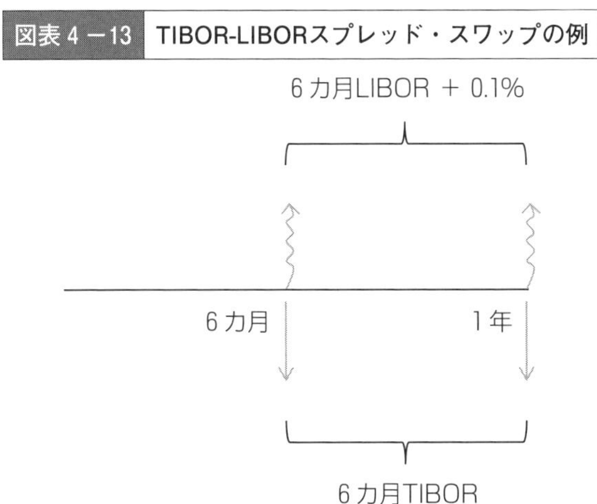

その6カ月LIBOR＋スプレッド側の割引現在価値と，6カ月TIBOR側の割引現在価値が等しくなるように，期間が短い6カ月TIBORのインプライド・フォワード・レートから，順次計算することが可能である。

こうしてさまざまな将来時点に対応した6カ月TIBORのインプライド・フォワード・レートを得られれば，固定金利と6カ月TIBORを交換する金利スワップの時価も，固定金利側の割引現在価値と6カ月TIBOR側の割引現在価値を算定することで，算定できると考えられる。

6　オーバーナイト・インデックス・スワップ（OIS）

オーバーナイト・インデックス・スワップ（OIS）については，通常，取引相手の金融機関から入手した相場価格か，市場金利を考慮して算定された将来キャッシュ・フローの割引現在価値により時価が算定されると考えられる。

主要な通貨での金利スワップの市場金利は，インターバンク市場で観察可能であり，時価を算定する際のインプットとして用いられると考えられる。例えば，日本円の場合，1年以内の取引では，固定金利とTONAの日次複利を満期日に交換するOISの金利が，また，1年超の取引では，1年ごとに固定金利とTONAの日次複利を交換するOISの金利が観察可能である。

個別取引の時価算定の際には，先に述べたブート・ストラップ法等により将来キャッシュ・フローや割引率を算定し，これを用いて割引現在価値を算定することになると考えられる。例として，下表のように期間1年のOIS金利が0.1%，期間2年のOIS金利が0.2%だったとする。

金利データ

期間	金利
1年　OIS金利	0.1%
2年　OIS金利	0.2%

まず，1年の割引率DF(1)は以下の式により算定できる。

$$\mathrm{DF}(1)=\frac{1}{1+0.1\%\times1}=0.9990$$

厳密には日数計算を正確に行う必要があるが，簡易的に利息計算期間を1年としている。また，利息計算期間終了日まで利払額が確定しないことから，実際には，利息計算期間終了日と利払日には，通常2営業日の間隔を置くが，同一日としている。

次に，2年の割引率DF(2)を，2年OIS金利を用いて算定する。

$$固定金利側の割引現在価値=0.2\%\times1\times\mathrm{DF}(1)+0.2\%\times1\times\mathrm{DF}(2)$$

ブート・ストラップ法により，

$$変動金利側の割引現在価値=0.1\%\times1\times\mathrm{DF}(1)+\mathrm{DF}(1)-\mathrm{DF}(2)$$

固定金利側の割引現在価値と変動金利側の割引現在価値が等しいとして，方程式を解くと，DF(2)=0.9960となる。

個別取引の時価算定の際には，こうしたブート・ストラップ法等により将来キャッシュ・フローや割引率を算定し，これを用いて割引現在価値を算定することになると考えられる。

7　コンスタント・マチュリティ・スワップ（CMS）

コンスタント・マチュリティ・スワップ（Constant Maturity Swap, CMS）とは，固定金利とスワップ金利を交換するスワップである。例として，10年間にわたって，半年ごとに固定金利2％と，5年スワップ金利を交換する取引が挙げられる（図表4－14）。5年スワップ金利は，6カ月ごとに，市場で観察可能な値を適用する。その値の決定方法については契約当事者同士で定めるが，通常，特定の情報ベンダーの公表値が利用される。スワップの変動金利が参照する期間が，利払の頻度である6カ月ではなく，5年と異なっている点が特徴である。

図表4－14 コンストラント・マチュリティ・スワップの例

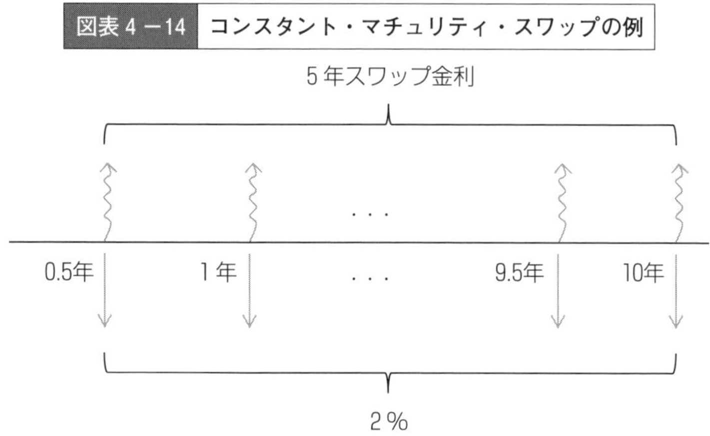

CMSそのものは，通常の金利スワップに比べて活発に取引されているとは言い難いが，**9**で述べるスワップションの時価算定に必要なインプライド・フォワード・スワップ・レートを利用することもあり，ここで取り上げることにする。

固定金利と6カ月LIBORを交換する金利スワップの時価算定では，インプライド・フォワード・レートと呼ばれる将来時点の6カ月LIBORを，市場で観察可能な金利スワップの金利からブート・ストラップ法により求める方法を本章1 **5**で述べた。CMSの時価算定に際しても，同様に将来時点の（例えば）5年スワップ金利を見積ることを考える。将来時点tで取引開始となる5年スワップ金利をSとする。この金利スワップは，将来時点t以降，6カ月ごとに固定金利Sと6カ月LIBORを交換する取引である。

まず，スワップ金利S側の割引現在価値は，以下の式で計算される。

スワップ金利S側の割引現在価値

$$= S \times 0.5 \times DF(t+0.5) + S \times 0.5 \times DF(t+1) \cdots + S \times 0.5 \times DF(t+5)$$

次に，6カ月LIBOR側の割引現在価値は，時点tから時点t＋0.5に適用されるインプライド・フォワード・レートをf(t)，時点t＋0.5から時点t＋1に適用されるインプライド・フォワード・レートを f(t+0.5) などとすると，以下の式で計算される。

6カ月LIBOR側の割引現在価値
$= f(t) \times 0.5 \times DF(t+0.5) + f(t+0.5) \times 0.5 \times DF(t+1) \cdots + f(t+4.5) \times 0.5 \times DF(t+5)$

ここで，市場で観察可能なOISの金利に，本章①**5**で述べたブート・ストラップ法を適用して，OISによる割引率がすでに求まっており，ここでのDF(t+0.5)からDF(t+5)が算定済みだとする。同様に，市場で観察可能な金利スワップの金利に，ブート・ストラップ法を適用して，インプライド・フォワード・レートがすでに求まっており，ここでの f(t) から f(t+4.5) が算定済みだとする。スワップ金利Ｓ側の割引現在価値と６カ月LIBOR側の割引現在価値が等しいとすると，

$$S \times 0.5 \times DF(t+0.5) + S \times 0.5 \times DF(t+1) \cdots + S \times 0.5 \times DF(t+5)$$
$$= f(t) \times 0.5 \times DF(t+0.5) + f(t+0.5) \times 0.5 \times DF(t+1) \cdots + f(t+4.5) \times 0.5 \times DF(t+5)$$

この方程式を解くことでＳを算定することができる。このＳをインプライド・フォワード・スワップ・レートと呼ぶ。

CMSについては，通常，取引相手の金融機関から入手した相場価格か，市場金利を考慮して算定された将来キャッシュ・フローの割引現在価値により時価が算定されると考えられる。主要な通貨での金利スワップの市場金利は，インターバンク市場で観察可能であり，時価を算定する際のインプットとして用いられると考えられる。

CMSのスワップ金利側の将来キャッシュ・フローの割引現在価値を算定する際には，単純に，インプライド・フォワード・スワップ・レートに，想定元本と利息計算期間を掛け算して将来キャッシュ・フローを算定し，その結果に利払日の割引率を掛け算する方法が考えられる。ただ，詳細は割愛するものの，この方法はやや不正確であり，コンベクシティ調整と呼ばれる補正が必要である。これは，時価算定の前提である，債券価格の期待値がフォワード債券価格

に等しいとした時の金利の期待値が，一般にはインプライド・フォワード・スワップ・レートと異なることから，その差を補正するものである。

なお，CMSの時価算定方法を，10年国債金利を参照するという，CMSと似たような商品性を有する，15年変動利付国債の時価算定方法に応用する事例もある。

8　キャップおよびフロア

キャップとは，変動金利があらかじめ定めた金利水準（ストライク，キャップなどと呼ぶ）を超えた場合に，変動金利とストライクの差分の金利を，売手から買手に支払う取引である。逆に，フロアとは，変動金利があらかじめ定めた金利水準（ストライク，フロアなどと呼ぶ）を下回った場合に，ストライクと変動金利の差分の金利を，売手から買手に支払う取引である。

日本円の場合，インターバンク市場で取引されているのは，通常，変動金利が6カ月LIBORのキャップやフロアである。この場合，対象期間の変動金利がストライクを超えているか（あるいは下回っているか），超えている（下回っている）場合にその差分の金利はいくらかという判定と決済は6カ月ごとに行われる。このため，例えば期間が5年のキャップやフロアの場合，6カ月ごとに合計10回の判定が行われる。つまり，10個のオプションがあるわけで，キャップやフロアを構成する個々のオプションのことを，キャップレットやフロアレットと呼ぶ。当該オプションの基礎数値は変動金利であり，キャップレットはコール・オプション，フロアレットはプット・オプションである。なお，判定と決済の間は，通常6カ月空いている。

キャップおよびフロアについては，通常，取引相手の金融機関から入手した相場価格か，オプション価格モデルを利用して算定された将来キャッシュ・フローの割引現在価値により時価が算定されると考えられる。

オプション価格モデルでは，ブラック・モデル，シフト付ブラック・モデル，ノーマル・モデルのいずれかが広く用いられていると考えられる。それぞれの価格式にインプットを適用することで，時価が算定される。

図表4－15　キャップとフロアのペイオフ（損益）

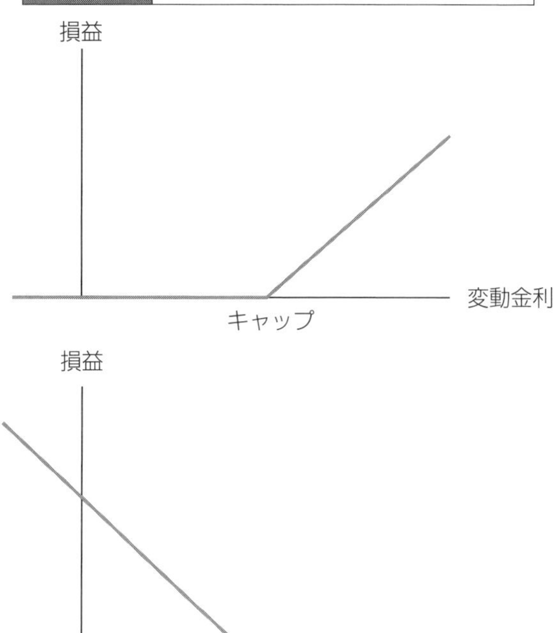

まず，ブラック・モデルの価格式は以下のとおりである。

$$\mathrm{cap}=\sum_{i=1}^{M}\mathrm{caplet}_i=\sum_{i=1}^{M}\left[F(t_{i-1},t_i)\cdot N(d_{1,i})-K\cdot N(d_{1,i}-\sigma\sqrt{t_{i-1}})\right]\cdot(t_i-t_{i-1})\cdot DF(t_i)$$

$$\mathrm{floor}=\sum_{i=1}^{M}\mathrm{floorlet}_i=\sum_{i=1}^{M}\left[-F(t_{i-1},t_i)\cdot N(-d_{1,i})+K\cdot N(-d_{1,i}+\sigma\sqrt{t_{i-1}})\right]\cdot(t_i-t_{i-1})\cdot DF(t_i)$$

ここで，$F(t_{i-1},t_i)$は権利行使時点t_{i-1}からt_iのインプライド・フォワード・レート，Kはストライク，Mはキャップ（フロア）を構成するキャップレット（フロアレット）の個数，$DF(t_i)$は時点t_iまでの割引率，σはボラティリティ，Nは標準正規分布関数であり，

$$d_{1,i}=\frac{\ln(F(t_{i-1},t_i)/K)+\sigma^2 t_{i-1}/2}{\sigma\sqrt{t_{i-1}}}$$

である。

ブラック・モデルではマイナス金利を前提とした評価ができない。このため，一定の金利幅だけマイナス金利を取り扱えるように，金利水準をずらして（シフトして）評価を行う方法としてシフト付ブラック・モデルがある。ずらす幅（シフト幅）をｓとすると，先のブラック・モデルの式は，以下のように置き換えられる。

$$cap=\sum_{i=1}^{M}\left[(F(t_{i-1},t_i)+s)\cdot N(d_{1,i})-(K+s)\cdot N(d_{1,i}-\sigma\sqrt{t_{i-1}})\right]\cdot(t_i-t_{i-1})\cdot DF(t_i)$$

$$floor=\sum_{i=1}^{M}\left[-(F(t_{i-1},t_i)+s)\cdot N(-d_{1,i})+(K+s)\cdot N(-d_{1,i}+\sigma\sqrt{t_{i-1}})\right]\cdot(t_i-t_{i-1})\cdot DF(t_i)$$

ここで，

$$d_{1,i}=\frac{\ln((F(t_{i-1},t_i)+s)/(K+s))+\sigma^2 t_{i-1}/2}{\sigma\sqrt{t_{i-1}}}$$

である。インプライド・フォワード・レートとストライクがｓだけシフトしていることがわかる。

また，プラスからマイナスまであらゆる水準の金利を取り扱える前提でのモデルにノーマル・モデル（正規モデル）がある。ノーマル・モデルでのキャップ，フロアの価格式は以下のとおりである。

$$cap=\sum_{i=1}^{M}\left[(F(t_{i-1},t_i)-K)\cdot N(d_i)+\frac{\sigma\sqrt{t_{i-1}}}{\sqrt{2\pi}}e^{-\frac{1}{2}d_i^2}\right]\cdot(t_i-t_{i-1})\cdot DF(t_i)$$

$$floor=\sum_{i=1}^{M}\left[(-F(t_{i-1},t_i)+K)\cdot N(-d_i)+\frac{\sigma\sqrt{t_{i-1}}}{\sqrt{2\pi}}e^{-\frac{1}{2}d_i^2}\right]\cdot(t_i-t_{i-1})\cdot DF(t_i)$$

ここで，

$$d_i=\frac{F(t_{i-1},t_i)-K}{\sigma\sqrt{t_{i-1}}}$$

である。

価格式に適用するインプットのうち，ボラティリティは，各モデルに応じて異なり，特にシフト付ブラック・モデルの場合には，シフト幅に応じてボラティリティが異なる点に留意が必要である。

ボラティリティは，例えば期間５年，ストライク0.5%のキャップのノーマル・モデルのボラティリティが0.1%などというように，インターバンク市場で観察可能である。契約に基づき，実際に受け渡しされるのはオプション価格（プレミアム）である。観察可能なボラティリティは，上記価格式を用いて，取引価格と一致する算定結果となるようなインプライド・ボラティリティ（第６章３ **3** 参照）である。

ストライク	1年	2年	3年	…
−0.1%	0.20%	0.21%	0.22%	…
0.0%	0.19%	0.20%	0.21%	…
0.1%	0.18%	0.19%	0.20%	…
…	…	…	…	…

インターバンク市場で観察可能なキャップ，フロアのボラティリティは，上記のような，期間１年ごとの，特定のストライクのボラティリティである。実際には期間５年であれば，６カ月ごとの10個のキャップレットなりフロアレットというオプションがあるので，それぞれにボラティリティがあると考えられる。インターバンク市場で観察可能なキャップ，フロアのボラティリティは，これらキャップレット（フロアレット）ごとのボラティリティが，すべてのキャップレットについて同じ値であるとした場合の値である点に留意が必要である。また，市場で観察可能なキャップ，フロアのボラティリティは，期間が同じであっても，ストライクの水準に応じて異なる点にも留意が必要である。

これはボラティリティ・スキューとかボラティリティ・スマイルなどと呼ばれている現象であり，市場の需給によって生じていると考えられる。

次に，想定元本が逓減するアモチ付きのキャップ，フロアや，取引開始日が将来日付である先スタートのキャップ，フロアなど，インターバンク市場で観察可能である標準的なキャップ，フロアと異なる個別取引の時価を算定する場合を考える。この場合には，金利スワップでブート・ストラップ法によりインプライド・フォワード・レートを求めたように，ボラティリティに関してブート・ストラップ法を適用して，各キャップレット（フロアレット）のボラティリティを求めて，オプション価格モデルの式に適用することになる。

図表4－16　キャップレット価格とキャップ価格の関係

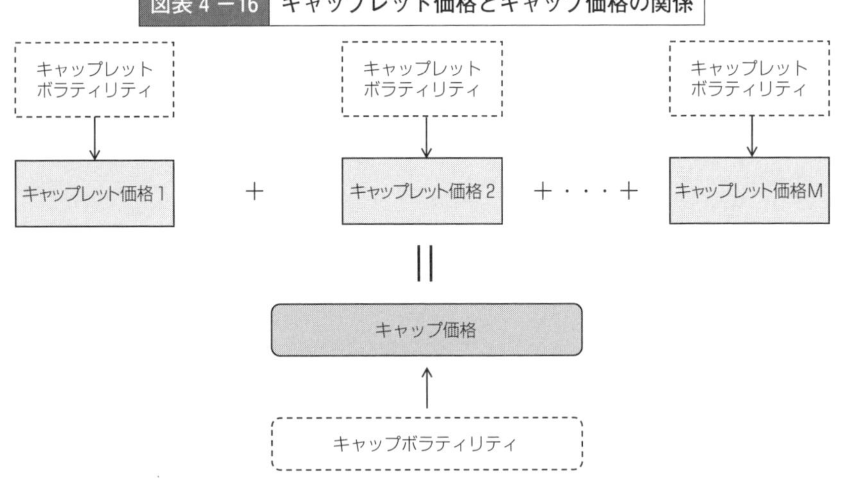

9　スワップション

スワップションとは，将来時点に，あらかじめ定めた金利スワップを取引する権利である。例えば，1年後に，6カ月ごと5年間，固定金利0.2%を支払い，6カ月LIBORを受け取る金利スワップを取引する権利が考えられる。権利の買手が固定金利を支払う金利スワップを取引する権利を有する場合をペイヤーズ・スワップション，固定金利を受け取る金利スワップを取引する権利を有する場合をレシーバーズ・スワップションと呼ぶ。上記の例だと１年をオプション期間，５年をスワップ期間と呼び，１年後５年のペイヤーズ・スワップションなどと呼ぶ。この例だと，１年後にその時の５年スワップ金利が0.2%を超えていれば，権利を行使して，市場実勢より低い0.2%を支払う金利スワップを取引することになると考えられる。

スワップションについては，通常，取引相手の金融機関から入手した相場価格か，オプション価格モデルを利用して算定された将来キャッシュ・フローの割引現在価値により時価が算定されると考えられる。

オプション価格モデルでは，キャップ，フロアと同様に，ブラック・モデル，シフト付ブラック・モデル，ノーマル・モデルのいずれかが広く用いられていると考えられる。いずれも価格式が与えられており，インプットを適用することで，時価が算定される。

ブラック・モデルでのペイヤーズ・スワップションとレシーバーズ・スワップションの価格式はそれぞれ以下のとおりである。

$$\mathrm{payer}=[F(t_0)\cdot N(d_1)-K\cdot N(d_1-\sigma\sqrt{t_0})]\sum_{i=1}^{M}(t_i-t_{i-1})\cdot DF(t_i)$$

$$\mathrm{receiver}=[-F(t_0)\cdot N(-d_1)+K\cdot N(-d_1+\sigma\sqrt{t_0})]\sum_{i=1}^{M}(t_i-t_{i-1})\cdot DF(t_i)$$

ここで，$F(t_0)$は時点t_0を開始時点とするインプライド・フォワード・スワップ・レート，Kはストライク，Mはスワップの受払回数，$DF(t_i)$は時点t_iまでの割引率，σはボラティリティ，Nは標準正規分布関数であり，

$$d_1=\frac{\ln(F(t_0)/K)+\sigma^2 t_0/2}{\sigma\sqrt{t_0}}$$

である。

キャップ，フロアと同様に，スワップションにもシフト付ブラック・モデルの価格式がある。インプライド・フォワード・スワップ・レートとストライク

をシフト幅sだけシフトさせた式になっている。

$$\text{payer}=\left[(F(t_0)+s)\cdot N(d_1)-(K+s)\cdot N(d_1-\sigma\sqrt{t_0})\right]\sum_{i=1}^{M}(t_i-t_{i-1})\cdot DF(t_i)$$

$$\text{receiver}=\left[-(F(t_0)+s)\cdot N(-d_1)+(K+s)\cdot N(-d_1+\sigma\sqrt{t_0})\right]\sum_{i=1}^{M}(t_i-t_{i-1})\cdot DF(t_i)$$

$$d_1=\frac{\ln((F(t_0)+s)/(K+s))+\sigma^2 t_0/2}{\sigma\sqrt{t_0}}$$

同様にノーマル・モデル（正規モデル）の価格式もある。

$$\text{payer}=\left[\{F(t_0)-K\}\cdot N(d)+\frac{\sigma\sqrt{t_0}}{\sqrt{2\pi}}e^{-\frac{1}{2}d^2}\right]\cdot\sum_{i=1}^{M}(t_i-t_{i-1})\cdot DF(t_i)$$

$$\text{receiver}=\left[\{-F(t_0)+K\}\cdot N(-d)+\frac{\sigma\sqrt{t_0}}{\sqrt{2\pi}}e^{-\frac{1}{2}d^2}\right]\cdot\sum_{i=1}^{M}(t_i-t_{i-1})\cdot DF(t_i)$$

$$d=\frac{F(t_0)-K}{\sigma\sqrt{t_0}}$$

価格式に適用するインプットのうち，ボラティリティは，各モデルに応じて異なり，特にシフト付ブラック・モデルの場合には，シフト幅に応じてボラティリティが異なる点に留意が必要である。

ボラティリティは，例えばオプション期間1年，スワップ期間5年のスワップションのノーマル・モデルのボラティリティが0.1%などというように，インターバンク市場で観察可能である。キャップ，フロアと同様に，契約に基づき，実際に受け渡しされるのはオプション価格（プレミアム）である。観察可能なボラティリティは，上記価格式を用いて，取引価格と一致する算定結果となるようなインプライド・ボラティリティ（第6章③**3**参照）である。

オプション期間/スワップ期間	1年	2年	3年	…
1カ月	0.14%	0.15%	0.18%	…
3カ月	0.20%	0.21%	0.21%	…
6カ月	0.20%	0.20%	0.20%	…
…	…	…	…	…

インターバンク市場で観察可能なスワップションのボラティリティは，上記のような，1年など切りの良い特定のオプション期間とスワップ期間ごとのボラティリティである。その際に前提となっているストライクはアット・ザ・マネー（ATM）と呼ばれる金利水準であり，通常，インプライド・フォワード・スワップ・レート（**7**参照）と同水準である。

なお，**8**で，キャップ，フロアの場合には，市場で観察可能なボラティリティは，期間が同じであっても，ストライク水準に応じて異なっており，ボラティリティ・スキューとかボラティリティ・スマイルなどと呼ばれていると述べた。スワップションでもこうした現象が観察されることがあり，留意が必要である。スワップションに限った話ではないが，ストライク水準に応じてボラティリティが異なる場合を取り扱うモデルとして，SABR（Stochastic Alpha Beta Rho）モデル，ローカル・ボラティリティ（Local Volatility）・モデル，ヘストン（Heston）・モデルなどが知られている。

もう1つ，スワップションの権利行使にあたって，その時の時価で差金決済（キャッシュ・セトル）する場合と，実際にスワップ取引を実行する場合（フィジカル・セトル）がある点を補足しておく。本章1**5**で，担保通貨に応じて割引計算に適用する金利が異なることを述べたが，フィジカル・セトルのスワップションの場合，権利行使までのスワップションの担保通貨と，権利行使後のスワップの担保通貨が異なる場合も考えられ，留意が必要である。

10　コーラブル・スワップ

将来のある時点において，権利の買手が，金利スワップを違約金の授受などをせず，無償で解約できるスワップを「コーラブル・スワップ」または「解約権付スワップ」と呼ぶ。

例えば，期間10年の金利スワップだが，３年後に，残り７年となった段階で，解約権行使が可能な取引が考えられる。このコーラブル・スワップの権利の買手が，10年にわたり，半年ごとに固定金利１％を支払い，６カ月LIBORを受け取る契約だとする。取引開始から３年経過した時点で，残り７年の金利スワップを継続するか，解約するか判断することになる。その時点で７年のスワップ金利の市場実勢が１％を上回っていれば，解約権を行使せず，取引を継続すると考えられ，逆に市場実勢が１％を下回っていれば，より低い固定金利を支払う金利スワップが市場で取引可能なのだから，市場実勢より高い固定金利である１％を支払うコーラブル・スワップは解約すると考えられる。

これは**9**で述べた，レシーバーズ・スワップションの買手の行動と類似している。このコーラブル・スワップの解約権の買手は，期間10年の，半年ごと固定金利１％支払い，６カ月LIBOR受け取りの金利スワップと，３年後７年のストライク１％のレシーバーズ・スワップションの買いを同時に行っていると考えることもできる（図表４－17）。

コーラブル・スワップは，それ自体が多く取引されるというよりも，解約権付の仕組債（コーラブル債）や仕組預金（コーラブル預金）に組み込まれているデリバティブとして知られている。

コーラブル・スワップについては，通常，取引相手の金融機関から入手した相場価格か，オプション価格モデルを利用して算定された将来キャッシュ・フローの割引現在価値により時価が算定されると考えられる。また，上記のように金利スワップとスワップションの組み合わせとして考え，金利スワップについては，市場金利を考慮して将来キャッシュ・フローの割引現在価値を算定し，スワップションについては，オプション価格モデルを利用して将来キャッシュ・フローの割引現在価値を算定し，その合計を時価として用いる方法も考えられる。

図表4－17　コーラブル・スワップの分解例

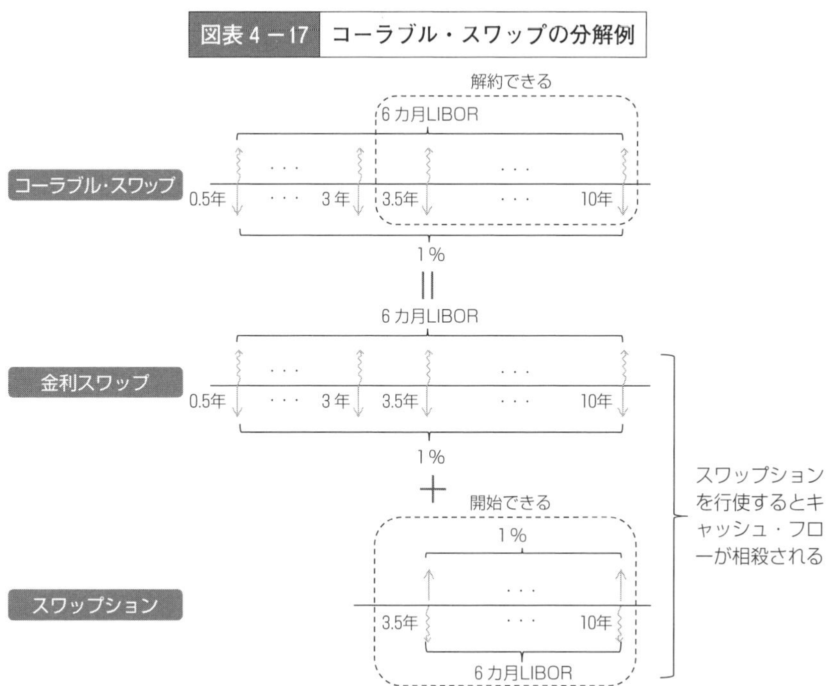

11　CMSキャップ，フロア

7および**8**でCMSとキャップ，フロアについて，それぞれ述べた。このCMSにキャップやフロアが付いている取引がCMSキャップ，あるいはCMSフロアである。例として，10年間にわたって，半年ごとに5年スワップ金利がストライク0.5%を超えたら5年スワップ金利と0.5%の差分の金利を，売手から買手に支払う取引が考えられる。5年スワップ金利は，CMS同様，6カ月ごとに，市場で観察可能な値を適用する。CMSキャップ，フロアもキャップ，フロア同様，キャップレット，フロアレットという対象期間ごとのオプションから構成されていて，この例の場合，10個のキャップレットから成る取引である。

CMSキャップ，フロアについては，通常，取引相手の金融機関から入手した相場価格か，オプション価格モデルを利用して算定された将来キャッシュ・

フローの割引現在価値により時価が算定されると考えられる。

オプション価格モデルでは，スワップションと類似したモデルが用いられていると考えられる。CMSキャップレットは，将来時点でのスワップ金利がストライクを上回っている場合に，スワップ金利とストライクの差分を，売手から買手に支払うが，これはペイヤーズ・スワップションのキャッシュ・セトルに類似しているからである。スワップションの場合は，スワップ期間にわたって将来キャッシュ・フローが生じる想定であるため，その割引計算を考慮することになるが，CMSキャップレットでは，キャップレットの決済時点に関する割引計算を考慮することになる点が異なる。

なお，CMSフロアの時価算定方法を，10年国債金利を参照しつつフロアが付いているという，CMSフロアと似たような商品性を有する，15年変動利付国債の時価算定方法に応用する事例もある。

そのほかに，詳細は割愛するが，CMSキャップ，フロアの派生として，例えば，5年スワップ金利が0.5%以上の場合は1%，0.5%未満の場合は0%の金利が売手から買手に支払われるデジタル・オプションと呼ばれる取引もある。また，例えば，20年スワップ金利と2年スワップ金利の差が0.5%以上の場合は，20年スワップ金利と2年スワップ金利の差と0.5%の差分の金利を，売手から買手に支払うCMSスプレッド・キャップと呼ばれる取引もある。

12　バミューダン・スワップション

9でスワップションについて述べたが，このスワップションは，権利行使可能時点が1つであるヨーロピアン・スワップションであった。これに対して，権利行使可能時点が複数あり，買手がその中から1つ選んで行使できるオプション（バミューダン・オプション）であるスワップション（バミューダン・スワップション）もある。バミューダン・スワップションは，半年ごとなど，権利行使可能時点が複数あり，買手がその中から1つ選んであらかじめ定めた金利スワップを取引できるスワップションである。

10で述べたように，コーラブル・スワップ（ヨーロピアン・コーラブル・スワップ）は，金利スワップとヨーロピアン・スワップションの組み合わせとして考えることができるが，解約権が複数回あるようなコーラブル・スワップ（バミューダン・コーラブル・スワップ）は，金利スワップとバミューダン・スワップションの組み合わせとして考えることができる。

このように，バミューダン・スワップションは，解約権が複数回ある仕組債（マルチ・コーラブル債）や仕組預金（マルチ・コーラブル預金）に組み込まれているデリバティブとして知られている。

これらは，例えば，期間10年にわたり，利率が1％であるが，半年ごとに，債券の発行体や預金受入側が無償で解約することが可能な債券や預金である。

バミューダン・スワップションについては，通常，取引相手の金融機関から入手した相場価格か，オプション価格モデルを利用して算定された将来キャッシュ・フローの割引現在価値により時価が算定されると考えられる。オプション価格モデルを利用する場合，ヨーロピアン・スワップションのような価格式は知られていない。金利モデルとして，先に取り上げたハル・ホワイト・モデルや，Heath-Jarrow-Mortonモデル（HJMモデル），Cheyetteモデル，LIBORマーケット・モデル，マルコフ・ファンクショナル・モデルなどが知られており，これらに本章[1]7で述べたような数値積分，格子モデル，モンテカルロ・シミュレーション，偏微分方程式等の数値解法を適用して算定されると考えられる。その際には，本章[1]6で述べたようにキャリブレーションを行うことになる。バミューダン・スワップションは，複数のヨーロピアン・スワップションの中から権利行使時点を選択できるので，ヨーロピアン・スワップションの価格と整合していることが望ましく，したがって市場で観察可能なヨーロピアン・スワップションの価格に合うようにキャリブレーションが行われると考えられる。

13　リバース・フローター

リバース・フローターとは，「固定金利－6カ月LIBOR」のように，変動金利が上昇するに従って逆に低下する金利と，6カ月LIBORなどとを交換するスワップ取引である。「固定金利－６カ月LIBOR」には通常フロアが付いていて，またバミューダン・コーラブル・スワップでもあることが多い。リバース・フローターも，仕組債（リバース・フローター債）や仕組預金（リバース・フローター預金）に組み込まれているデリバティブとして知られている。これらは，例えば，期間10年にわたり，利率が「１％－６カ月LIBOR，ただしゼロ以上」であるが，半年ごとに，債券の発行体や預金受入側が無償で解約することが可能な債券や預金である。

リバース・フローターについては，バミューダン・スワップション同様，通常，取引相手の金融機関から入手した相場価格か，オプション価格モデルを利用して算定された将来キャッシュ・フローの割引現在価値により時価が算定されると考えられる。オプション価格モデルを利用する場合，バミューダン・スワップション同様，金利モデルに数値解法を適用して算定されると考えられる。通常，フロアが付いているため，バミューダン・スワップションの評価技法に，さらにキャップ，フロアの評価技法を組み合わせることになると考えられる。

4 通貨関連デリバティブの種類別の評価技法

1 上場デリバティブ

上場デリバティブについては，通常，取引所価格により時価が算定されると考えられる。上場通貨関連デリバティブとしては，通貨先物などが挙げられる。

2 為替予約

為替予約は，将来のある時点に，あらかじめ定められた為替レートで通貨を交換する取引である。為替先渡取引，フォワード為替などとも呼ばれる。

為替予約については，通常，取引相手の金融機関から入手した相場価格か，為替レートと市場金利を考慮して算定された将来キャッシュ・フローの割引現在価値により時価が算定されると考えられる。

為替レートは，直物（スポット）と呼ばれる取引日から2営業日後に受け渡す際のレートと，受渡日が1カ月後や3カ月後など，さらに先の将来時点である先渡レートが市場で提示され，それぞれ取引されている。為替予約取引は，直物取引とその反対売買となる先渡取引の組み合わせで行われることも多い。例えば，2営業日後に1ドル＝100円で米ドルを買い，日本円を売り，さらに1カ月後に1ドル＝99円で米ドルを売り，日本円を買う，といった2つの為替予約の組み合わせである。このような取引は為替スワップ取引と呼ばれ，特に異なる通貨での資金調達・運用を動機として行われるものは，資金関連スワップ取引と呼ばれている。我が国の銀行においては，外貨による投融資を行うための外貨資金の調達手段として行われることが多い。

先渡レートは，最も活発に取引されている直物レートに連動するため，直物レートとの差分で表示されることが多く，これを直先スプレッドなどと呼んでいる。

期間	スプレッド
1週間	−0.06
2週間	−0.11
3週間	−0.18
1カ月	−0.30
…	…

主要な通貨ペアの直物レートと直先スプレッドは，インターバンク市場で観察可能であり，時価を算定する際のインプットとして用いられると考えられる。例えば，日本円と米ドルの場合，直物レートが1ドル＝100円，期間6カ月の直先スプレッドが－2円だったとする。6カ月後の先渡レートは，1ドル＝100円－2円＝98円である。

いま，6カ月後に交換レート1ドル＝100円で米ドルを支払い，日本円を受け取る契約があったとする。市場実勢対比，1ドルにつき2円多く受け取れることから，この契約には，6カ月後の2円に相当する将来価値があると考えられる。これの現在価値は，６カ月分の割引率を適用して割引現在価値を算定することになると考えられる。

割引率は，インターバンク市場での取引であれば，担保通貨種類に応じた日本円の割引率が適用されると考えられる。担保を考慮しない方法の場合，日本円を基軸にするときは日本円の金利スワップ・カーブから算定される割引率を，米ドルを基軸にするときは米ドルの金利スワップ・カーブと先渡レートから算定される割引率を用いることになると考えられる。このうち，米ドルを基軸とするときの考え方について補足する。

いま，６カ月の米ドルLIBORが１%だったとする。現在の１ドルは100円だが，まず１ドルについて６カ月後には，

$$1 \times (1 + 1\% \times 6/12) = 1.005 \text{ドル}$$

の価値になる。

６カ月後の先渡レートが１ドル＝98円だったとすると，

$$1.005\text{ドル} = 1.005 \times 98 = 98.49\text{円}$$

である。６カ月後の1.005ドルの現在価値は１ドルで，円では100円である。一方，６カ月後の98.49円の現在価値が100円であるから，日本円の割引率は，

$$100 \div 98.49 = 1.015$$

となる。

この日本円の割引率から算定される期間６カ月の日本円金利は，

$$(1 \div 1.015 - 1) \div 6 \times 12 = -3.02\%$$

である。これは６カ月の日本円LIBORと必ずしも同じ値でなく，むしろ一般には異なる値である点に留意が必要である。先渡レートの中に，金利に換算すると，**3**の通貨スワップの説明の中で述べる通貨ベーシスに対応する調整が含まれているからである。

また，米ドルの割引率は，

$$1 \div 1.005 = 0.995$$

であり，

$$98 = 100 \times 0.995 \div 1.015$$

なので，

先渡レート＝直物レート×米ドル割引率÷日本円割引率

であることがわかる。ただし，ここでの日本円割引率は，上で見たように先渡レートから算定された値であり，通貨ベーシスに対応する調整が含まれている割引率である。

さて，６カ月後に交換レート１ドル＝100円で米ドルを支払い，日本円を受け取る契約の割引現在価値の話に戻る。市場実勢対比，１ドルにつき２円多く受け取れることから，この契約には，６カ月後の２円に相当する将来価値があると考えられるので，その現在価値は，６カ月分の割引率を適用して割引現在価値を算定することになり，

$$2 \times 1.015 = 2.03$$

となる。

なお，新興国通貨などでは，実際に通貨を交換する為替予約ではなく，米ドルなどの主要通貨にて差金決済を行うNDF（Non Deliverable Forward）という契約形態もあるが，時価評価の基本的な考え方は，為替予約と同様であると考えられる。例えば，米ドルで差金決済を行う場合には，米ドル建てでの割引現在価値を算定し，その結果を米ドル・日本円の直物レートで円換算することで，円建ての割引現在価値が算定される。

3　通貨スワップ

通貨スワップは，将来のある時点に，あらかじめ定められた為替レートで通貨を交換する取引であり，また，取引期間中に利息交換も行う取引である。実際には，通貨スワップという用語が使われる取引種類の数は多く，ここで取り上げる通貨スワップは，より明示的に「通貨ベーシス・スワップ」と呼ばれることもある。

例えば，期間５年の米ドルと日本円の通貨スワップの場合，５年後に，１ドルを支払い，100円を受け取るほか，３カ月ごとに，元本１ドルに対し，３カ月ドルLIBORを支払い，元本100円に対し，３カ月円LIBOR－0.2%を受け取る，という取引である（図表４－18）。また，通常，取引日の２営業日後に逆向きの通貨交換を行う。この例だと，１ドルを受け取り，100円を支払う。

図表４－18　通貨ベーシス・スワップの例

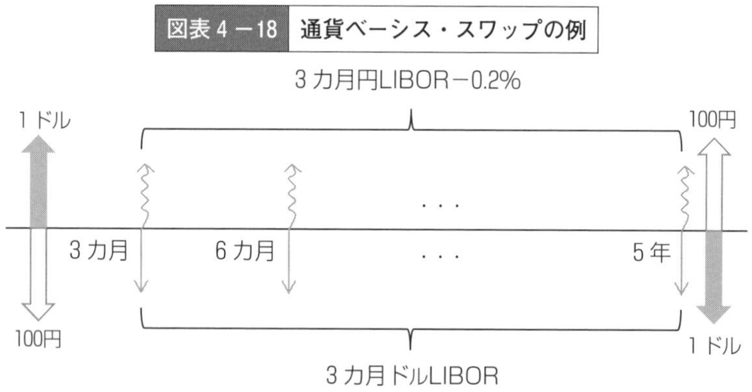

この契約条件のように，ドルLIBORに対して，円LIBORに－0.2%のような調整が行われることが多い。これは市場での需給により変動し，「通貨ベーシス」と呼ばれる。

通貨スワップについては，通常，取引相手の金融機関から入手した相場価格か，為替レートと市場金利を考慮して算定された将来キャッシュ・フローの割引現在価値により時価が算定されると考えられる。

主要な通貨ペアの通貨ベーシスは，インターバンク市場で観察可能であり，時価を算定する際のインプットとして用いられると考えられる。インターバンク市場での通貨ベーシスは，米ドルが基軸で，担保通貨が米ドル前提で提示されることが多いようである。この場合，米ドルと日本円の通貨スワップの将来キャッシュ・フローの割引現在価値を算定するには，先の為替予約の説明の中で少し触れたように，通貨ベーシスを反映した，米ドル担保前提での日本円の割引率を算定しておく必要がある。ブート・ストラップ法を用いると，以下の流れで算定されると考えられる。

まず，米ドルサイドであるが，利息部分のキャッシュ・フローは，3カ月LIBORであり，米ドルの金利スワップ・カーブにブート・ストラップ法を適用することでインプライド・フォワード・レートを求めることにより算定することが可能である。これに米ドルのOISカーブにブート・ストラップ法を適用することで得られる米ドル担保の割引率を用いることにより，割引現在価値が算定される。同様に，米ドル元本キャッシュ・フローにも，米ドルOISカーブの割引率を適用する。利息部分の割引現在価値と元本部分の割引現在価値を合計し，算定時点での為替レートを掛け算することで，米ドルサイドの円建ての割引現在価値が得られる。

次に，日本円サイドであるが，元本キャッシュ・フローは，契約で定められた金額である。利息部分のキャッシュ・フローは，3カ月LIBOR＋通貨ベーシスであり，日本円の金利スワップ・カーブとともに，日本円の金利スワップ・カーブは変動金利が6カ月LIBOR前提であるため，3カ月LIBORと6カ月LIBORのテナー・ベーシス・スワップを考慮してブート・ストラップ法を適用することでインプライド・フォワード・レートを求めることにより算定することが可能である。こうして，日本円サイドの将来キャッシュ・フローを得られるので，これらの割引現在価値が，先に算定済みの米ドルサイドの円建ての割引現在価値と等しくなるような日本円の割引率を算定することが可能である。

この方法を期間の短い通貨スワップから順次適用し，結果として，さまざまな期間に対応する，米ドル担保前提での通貨スワップの日本円の割引率が算定されると考えられる。この割引率に対応する金利を，「米ドル担保日本円OISカーブ」などと呼ぶことがある。

米ドル金利スワップは米ドル担保前提，日本円金利スワップは日本円担保前提とし，ここまでの話をまとめたのが図表4－19である。

図表4－19 米ドル担保前提での日本円の割引率を算定する流れ

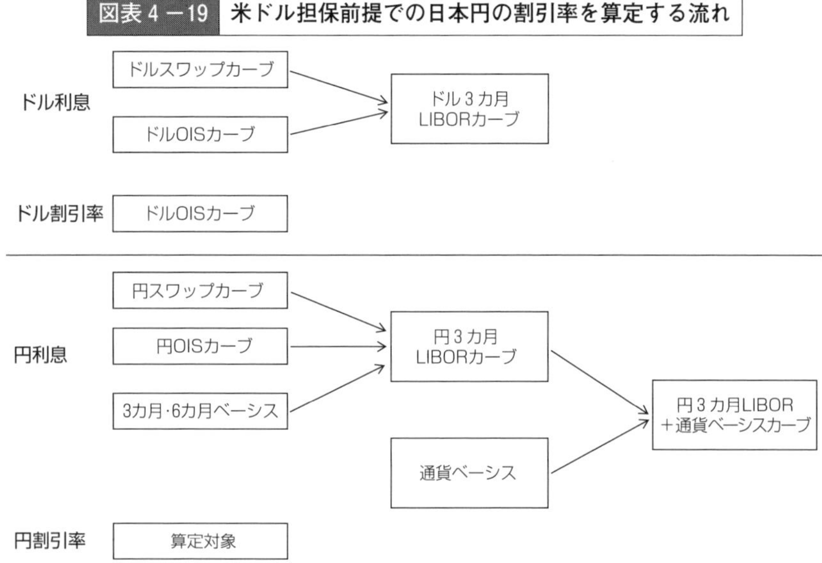

個別の通貨スワップの割引現在価値を算定する場合には，契約条件に応じた将来キャッシュ・フローを立てて，通貨ごとの割引現在価値を算定する。米ドル担保前提であれば，米ドルサイドは米ドルのOISカーブで割引現在価値を算定して，為替レートを適用して日本円に換算する。日本円サイドは，上記の米ドル担保日本円OISカーブで割引現在価値を算定する。

日本円担保前提の場合には，米ドル担保前提での通貨ベーシスや米ドル担保日本円OISカーブをそのまま適用することはできない。そこで，一定の仮定を置いて換算をする方法が取られているようである。例えば，為替の先渡レートは米ドル担保前提と日本円担保前提で等しいという仮定を置く。為替予約の説

明の中で見たように,

先渡レート＝直物レート×米ドル割引率÷日本円割引率

である。米ドル担保前提だと,

先渡レート＝直物レート×米ドルOIS割引率÷米ドル担保日本円OIS割引率

であり，日本円担保前提だと,

先渡レート＝直物レート×日本円担保米ドルOIS割引率÷日本円OIS割引率

である。両者が等しいとすると,

米ドルOIS割引率÷米ドル担保日本円OIS割引率
＝日本円担保米ドルOIS割引率÷日本円OIS割引率

となる。このうち，米ドルOIS割引率と日本円OIS割引率は，それぞれのOISカーブから算定可能であり，米ドル担保日本円OIS割引率は，上述のように，米ドル担保前提での通貨スワップの日本円の割引率として算定される。この結果，日本円担保米ドルOIS割引率も算定可能である。

日本円担保前提の場合，米ドルサイドの将来キャッシュ・フローには，この日本円担保米ドルOIS割引率を適用して割引現在価値を算定し，日本円サイドの将来キャッシュ・フローには日本円OIS割引率を適用して割引現在価値を算定することになると考えられる。

さて，ここまでの説明では，通貨スワップの元本は取引終了まで一定である前提であった。実際には，特にインターバンク市場において，MTM（Mark To Market）型と呼ばれる，元本を利払いの都度，その時点での為替レートに応じて見直す通貨スワップが取引されている。

これは，取引開始後，時間の経過とともに為替レートが大きく変動すると，取引終了時に実施する元本交換に適用する交換レート（あらかじめ契約で定められたレート）との間に大きな乖離が生じ，結果として取引当事者の一方に大きな時価評価益が生じる（逆にもう一方の当事者に大きな時価評価損が生じる）ことを緩和するために行われていると考えられる。

MTM型の通貨スワップの割引現在価値は，先渡レートに基づき元本キャッシュ・フローを加減し，対応する利息キャッシュ・フローに適用する元本額を変更することで，元本一定型の場合と同様に算定することが可能である。

4　クーポン・スワップ

クーポン・スワップは，一定期間にわたり，あらかじめ定められた為替レートで通貨を交換する取引であり，「フラット為替」などと呼ばれることもある。金融商品Ｑ＆Ａには，包括的な長期為替予約として，ヘッジ会計における取扱いが記載されている（金融商品Ｑ＆Ａ　Q55-２参照）。クーポン・スワップについては，通常，取引相手の金融機関から入手した相場価格か，為替レートと市場金利を考慮して算定された将来キャッシュ・フローの割引現在価値により時価が算定されると考えられる。

クーポン・スワップは，契約時において，契約期間中のキャッシュ・フローの現在価値がドルの購入額と円の支払額とで等しくなるような同一レートに契約レートが設定されたものである。時価の算定においては，同一の交換レートの為替予約が複数ある取引と考えられるため，為替予約と同様の方法によることが考えられる。また，将来キャッシュ・フローは契約で定められており，それらの割引現在価値を算定することが考えられるが，**3**で説明した，担保通貨前提ごとの割引率を適用して算定する方法が考えられる。

そのほかに，後述する通貨オプションの組み合わせにより，時価を算定する実務も見られる。これは，コール・オプションの買いとプット・オプションの売りにより，特定の通貨を買う先渡取引を合成する「シンセティック・フォワード」と呼ばれる取引を利用する方法である。

5　通貨オプション

通貨オプションは，将来時点に，あらかじめ定めた交換レートで為替取引を行う権利である。例えば，１年後に，権利の買手が１ドル＝100円で米ドルを買い，日本円を売ることができる権利が考えられる。これは米ドルのコール・オプションであり，日本円のプット・オプションである。

逆に，権利の買手が１ドル＝90円で米ドルを売り，日本円を買うことができる権利が考えられる。これは米ドルのプット・オプションであり，日本円のコール・オプションである。米ドルと日本円のオプションの場合，米ドルを基準に，米ドルを買う権利を「コール」，売る権利を「プット」と呼ぶことが多い。

通貨オプションについては，通常，取引相手の金融機関から入手した相場価格か，オプション価格モデルを利用して算定された将来キャッシュ・フローの割引現在価値により時価が算定されると考えられる。

オプション価格モデルでは，ブラック・ショールズ・モデルが広く用いられていると考えられる。通貨オプションの場合には，特に「Garman-Kohlhagen モデル」と呼ばれることもある。

以下のように，コール・オプションとプット・オプションの価格式が与えられており，インプットを適用することで，時価が算定される。

$$\mathrm{call}=DF(T)\cdot\{F(T)\cdot N(d_1)-K\cdot N(d_1-\sigma\sqrt{T})\}$$

$$\mathrm{put}=DF(T)\cdot\{-F(T)\cdot N(-d_1)+K\cdot N(-d_1+\sigma\sqrt{T})\}$$

ここで，F(T)は時点Tでの先渡レート，Kはストライク，DF(T)は時点Tまでの割引率，σはボラティリティ，Nは標準正規分布関数であり，

$$d_1=\frac{\ln(F(T)/K)+\sigma^2T/2}{\sigma\sqrt{T}}$$

である。

ボラティリティは，例えば米ドル・日本円のオプション期間１年の通貨オプションのボラティリティが10%などというように，インターバンク市場で観察可能である。キャップ，フロアやスワップションと同様に，契約に基づき，実際に受け渡しされるのはオプション価格（プレミアム）である。観察可能なボラティリティは，上記価格式を用いて，取引価格と一致する算定結果となるようなインプライド・ボラティリティ（第６章③３参照）である。

通貨オプションの市場慣行はやや複雑なため，ここで補足する。インターバンク市場で観察可能な通貨オプションのボラティリティは，上記のような，１年など切りの良い特定のオプション期間のボラティリティである。その際に前提となっているストライクはアット・ザ・マネー（ATM）と呼ばれる為替レートである。ATMの定義は，通貨ペアや年限に応じて市場慣行があり，例えば米ドル・日本円の場合，期間10年までのATMは，「デルタ・ニュートラル」と呼ばれる条件を満たすストライクであり，期間10年超のATMは，先渡レートである。

デルタ・ニュートラルは，コール・オプションとプット・オプションのデルタ（オプションの対象となる通貨の価格の変動に対するオプション価格の感応度）の合計がゼロという意味である。

米ドル・日本円の場合，期間10年までは，デルタがゼロになるストライクをATMとするが，デルタやオプションの対象となる通貨の価格が具体的に何を指すのかは，通貨ペアや年限により市場慣行が異なる点に留意が必要である。例えば，米ドル・日本円の場合，繰り返しになるが，米ドルのコール・オプションは，日本円のプット・オプションであり，米ドルのプット・オプションは日本円のコール・オプションであるものの，米ドルをオプションの対象となる通貨として，米ドルを日本円で買う権利をコール・オプション，米ドルを日本円で売る権利をプット・オプションと呼ぶことが多い。このため，オプション価格はいったんは円建てで表示されることとなる。そのデルタは，オプションの対象となる通貨である米ドルの円建価格の変動に対する円建てのオプション価格の感応度と定めると考えるのが自然であろう。

しかしながら，市場慣行では，この感応度に米ドル換算したオプション価格の支払いを考慮に入れたデルタが使用されており，「プレミアム込みデルタ」と呼ばれている。期間1年までのデルタには，スポットの為替レートに対するオプション価格の感応度にプレミアムの支払いを考慮に入れたデルタとして「スポット・デルタ」と呼ばれるプレミアム込みデルタが使用され，期間1年超のデルタには，これを先渡レート換算した「フォワード・デルタ」と呼ばれるデルタが使用される。

ブラック・ショールズ・モデルでのコール・オプションとプット・オプションのプレミアム込みのスポット・デルタは以下の式で与えられる。

$$\mathrm{call\_premium\_spot\_delta} = \frac{K}{S} DF(T) \cdot N(d_2)$$

$$\mathrm{put\_premium\_spot\_delta} = -\frac{K}{S} DF(T) \cdot N(-d_2)$$

ここで，Sはスポット為替レート，Kはストライク，DF(T)は時点Tまでの割引率，F(T)は時点Tでの先渡レート，σはボラティリティ，Nは標準正規分布関数であり，

$$d_2 = \frac{\ln(F(T)/K) - \sigma^2 T/2}{\sigma\sqrt{T}}$$

である。同様に，プレミアム込みのフォワード・デルタは以下の式で与えられる。

$$\mathrm{call\_premium\_forward\_delta} = \frac{K}{F} \cdot N(d_2)$$

$$\mathrm{put\_premium\_forward\_delta} = -\frac{K}{F} \cdot N(-d_2)$$

デルタ・ニュートラルは，コール・オプションとプット・オプションのデルタの合計がゼロであり，スポット・デルタの場合も，フォワード・デルタの場

合も，

$$N(d_2)=N(-d_2)$$

の時に成り立つ。この等式を満たすストライクは，

$$K=F(T)\cdot e^{-\sigma^2 T/2}$$

であり，米ドル・日本円の場合，期間10年まではこれをATMとする。

次に，市場で観察可能なボラティリティは，期間が同じであっても，ストライク水準に応じて異なっており，ボラティリティ・スキューやボラティリティ・スマイルなどと呼ばれていると本章3 8で述べた。通貨オプションでもこうした現象が観察されることがあり，留意が必要である。また，通貨オプションの場合，キャップ，フロアと異なる表示を行う市場慣行があり，これについて補足する。

キャップ，フロアの場合，期間５年のストライクが0.5%のキャップのボラティリティがいくら，というように表示されていた。通貨オプションの場合は，期間５年のボラティリティの表示が２種類ある。

１つは，ATM，25デルタ・コール，25デルタ・プットなどである。ATMについては先に述べたとおりであり，25デルタ・コールは，コール・オプションのデルタが0.25となるストライク，25デルタ・プットは，プット・オプションのデルタが－0.25となるストライクを表しており，各ストライクに対応するボラティリティが表示されている。これらに加えて，10デルタのボラティリティが提示されている場合もある。

期間	ATM	25Call	25Put
１週間	5.50%	5.18%	6.20%
２週間	6.50%	5.91%	7.51%
３週間	6.70%	6.03%	7.73%
１カ月	7.00%	6.30%	8.15%
…	…	…	…

もう１つは，ATM，25RR（Risk Reversal），25FLY（Butterfly, Strangle Margin）などという表示である。ここで，ATMのボラティリティをσ（ATM），25デルタ・コールのボラティリティをσ（25C），25デルタ・プットのボラティリティをσ（25C）とすると，

$$25RR = \sigma(25C) - \sigma(25P)$$

$$25FLY = \frac{\sigma(25C) + \sigma(25P)}{2} - \sigma(ATM)$$

である。同様に10RRと10FLYが提示されている場合もある。

期間	ATM	25RR	25FLY
1週間	5.50%	−1.02%	0.19%
2週間	6.50%	−1.60%	0.21%
3週間	6.70%	−1.70%	0.18%
1カ月	7.00%	−1.85%	0.22%
…	…	…	…

この表示の場合に，通常，FLYはσ（25C）とσ（25P）が等しい前提となっていて，「Broker Strangle Margin」などと呼ばれる。実際には，一般に25RRがゼロではないため，σ（25C）とσ（25P）は異なる。このため，市場で観察可能な25RRの値を満たしつつ，市場で観察可能なσ（25C）とσ（25P）が等しい前提での25FLYの値も満たすように，25デルタに相当するストライクとボラティリティを数値計算により求めることになると考えられる。

このように，通貨オプションにはさまざまな市場慣行があるため，時価の算定にあたって留意が必要である。

ストライク水準に応じてボラティリティが異なる場合を取り扱うモデルとして，SABRモデル，ローカル・ボラティリティ・モデル，ヘストン・モデル，Vanna-Volgaモデルなどが知られている。

6　デジタル・オプション

デジタル・オプションは，将来時点に，ある条件を満たすとキャッシュ・フローが発生する取引である。デジタル・オプションは，通貨オプションに限らないが，通貨オプションで比較的多く見られることからここで取り上げることにする。

例えば，1年後に1ドル＝120円以上になったら，1ドルが，オプションの売手から買手に支払われる取引が考えられる。これは，米ドルを基準に考えると，米ドルという原資産を，価格上昇時に受け取る権利であり，「アセット・デジタル・コール」などと呼ばれる。

そのほかに，例えば，1年後に1ドル＝80円以下になったら100円が，オプションの売手から買手に支払われる取引が考えられる。これは，米ドルを基準に考えると，価格下落時に日本円を受け取る権利であり，「キャッシュ・デジタル・プット」などと呼ばれる。

デジタル・オプションについては，通常，取引相手の金融機関から入手した相場価格か，オプション価格モデルを利用して算定された将来キャッシュ・フローの割引現在価値により時価が算定されると考えられる。

オプション価格モデルでは，ブラック・ショールズ・モデルのデジタル・オプション用の価格式が知られており，インプットを適用することで，時価が算定される。

アセット・デジタル・オプションのコール・オプションとプット・オプションの価格式は以下のとおりである。

$$asset\_call=DF(T)\cdot F(T)\cdot N(d_1)$$

$$asset\_put=DF(T)\cdot F(T)\cdot N(-d_1)$$

$$d_1=\frac{\ln(F(T)/K)+\sigma^2 T/2}{\sigma\sqrt{T}}$$

ここで，F(T)は時点Tでの先渡レート，Kはストライク，DF(T)は時点T

までの割引率，σはボラティリティ，Nは標準正規分布関数である。同様にキャッシュ・デジタル・オプションのコール・オプションとプット・オプションの価格式は以下のとおりである。

$$cash\_call=DF(T)\cdot N(d_1-\sigma\sqrt{T})$$

$$cash\_put=DF(T)\cdot N(-d_1+\sigma\sqrt{T})$$

である。

また，通貨オプションの中で述べたように，ボラティリティ・スキューやボラティリティ・スマイルが観察されることがあり，留意が必要である。

7　バリア・オプション

バリア・オプションには，ノックイン・オプションとノックアウト・オプションがある。将来時点に，ある条件を満たすとオプションが発生する取引がノックイン・オプションであり，逆にある条件を満たすとオプションが消滅する取引がノックアウト・オプションである。発生したり，消滅したりするオプションは，通貨オプションに限らないが，通貨オプションで比較的多く見られることからここで取り上げることにする。

例えば，取引日から1年の中で，一度でも1ドル＝120円以上になったら，取引日から1年後に，1ドル＝100円で米ドルを買い，日本円を売ることができる権利が発生する取引が考えられる。これは，為替レートがアップすると米ドルのコール・オプションが生じるノックイン・オプションであり，「アップ・イン・コール」などと呼ばれる。

そのほかに，例えば，取引日から1年後に，1ドル＝100円で米ドルを売り，日本円を買うことができる権利で，取引日から1年の中で，一度でも1ドル＝80円以下になったら，権利が消滅する取引が考えられる。これは，為替レートがダウンすると米ドルのプット・オプションが消滅するノックアウト・オプションであり，「ダウン・アウト・プット」などと呼ばれる。

アップかダウンか，インかアウトか，コールかプットかで8種類の組み合わせが考えられる。

これらの例で，権利の発生や消滅は判定する期間が取引日から１年間設けられているが，これを「観察期間」などと呼び，判定の基準となる１ドル＝120円や１ドル＝80円のことを「バリア」や「トリガー」などと呼ぶ。

これらの例では，観察期間は，取引日から権利行使日までの１年間であった

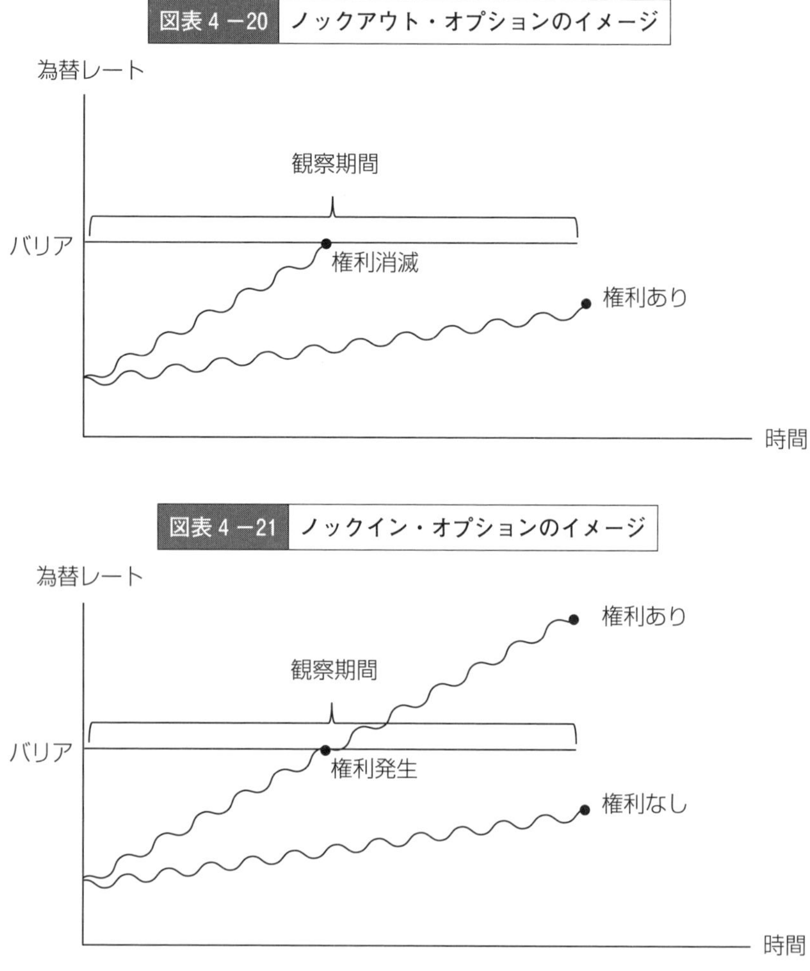

図表４－20　ノックアウト・オプションのイメージ

図表４－21　ノックイン・オプションのイメージ

が，例えば，前半の半年間，取引日から３カ月目から半年間，後半の３カ月間，権利行使日当日だけなど，さまざまな種類が考えられる。また，バリアも一定値だったが，複数の値が設定される場合やバリアが上下に付される場合も考えられる。

権利が発生することと消滅すること以外は，バリアやストライクなどの条件が同一のノックイン・オプションとノックアウト・オプションを組み合わせると，バリアのない，普通のオプションになる。

バリア・オプションについては，通常，取引相手の金融機関から入手した相場価格か，オプション価格モデルを利用して算定された将来キャッシュ・フローの割引現在価値により時価が算定されると考えられる。

オプション価格モデルでは，ブラック・ショールズ・モデルの，バリア・オプション用の価格式が，いくつかの種類のバリア・オプションについては知られている。ただし，**5**で述べたように，オプションのストライク水準に応じてボラティリティが異なる場合，こうした情報は，あくまでバリアのない，普通のオプションのストライク水準に対応したボラティリティであり，バリア・オプションの価格式にそのままインプットとして適用しても十分ではない可能性がある点に留意が必要である。

ストライク水準に応じてボラティリティが異なる場合を取り扱うモデルとして，SABRモデル，ローカル・ボラティリティ・モデル，ヘストン・モデル，Vanna-Volgaモデルなどが知られている。

8　レバレッジ・クーポン・スワップ

レバレッジ・クーポン・スワップは，将来時点の為替レートが，あらかじめ定められた条件を満たした場合に，受払額が変わるクーポン・スワップである。

例えば，期間５年で，毎月末に１ドルを受け取り，100円を支払う，米ドル・日本円のクーポン・スワップを考える。ある月末の２営業日前の為替レートが，１ドル＝110円以上だった場合には，その月末は２ドルを受け取り，200円を支払う，といった条件が付いている取引が，レバレッジ・クーポン・スワップである。これは，クーポン・スワップに，毎月デジタル・オプションが付いていると考えることもできる。

そのほかにもさまざまな条件を設定することが考えられる。また，バリア・オプションが付いている取引もみられる。

レバレッジ・クーポン・スワップについては，通常，取引相手の金融機関から入手した相場価格か，オプション価格モデルを利用して算定された将来キャッシュ・フローの割引現在価値により時価が算定されると考えられる。

クーポン・スワップにデジタル・オプションやバリア・オプションが付いていると考えられる場合には，**6**および**7**で述べた各商品と同様に時価を算定することが考えられる。

また，ここまで繰り返し述べたように，ボラティリティ・スキューやボラティリティ・スマイルが観察されることがあり，留意が必要である。

9　コーラブル・パワー・リバース・デュアル（CPRD）

コーラブル・パワー・リバース・デュアル（Callable Power Reverse Dual, CPRDまたはPRDC）は，将来時点の為替レートに連動する金利と，6カ月LIBORなどの金利を交換するスワップであり，バミューダン・コール・オプション（解約権）が付いている。通常，為替レートに連動する金利を支払う側が解約権を有している。バミューダン・コール・オプションが付いていない場合は，「PRD」と呼ばれる。

為替レートに連動する金利には，さまざまな種類があるが，例えば，利払日の5営業日前の米ドル・日本円の為替レートをFXとすると，「15%×FX÷110－10%，ただし，0%以上」などとされているものが典型的である。CPRDは長期間の取引であることも多く，期間30年にわたり，半年ごとに上記の金利と6カ月LIBORを交換し，また，為替レートに連動する金利を支払う側に，半年ごとの解約権が付いている，などという取引が考えられる。

さて，この例での為替レートに連動する金利を見てみると，将来の金利決定日に円高米ドル安になり，FXの値が小さくなった場合，0%のフロアが適用になる。これは為替レートに連動する金利を受け取る側からすると，米ドルのプット・オプションを保有しているのと同様の経済効果が得られていると考えられる。

「15％×FX÷110－10％＝０％」となるのは，FX＝73.33円／米ドル程度であり，これ以上円高米ドル安になっても，為替レートに連動する金利は０％以下にならない。

為替レートに直接関係する半年分の利息額は,「日本円の想定元本」×「15％×FX÷110」×0.5なので，為替レートに連動する金利を受け取る側が，「日本円の想定元本×15％÷110×0.5」に相当する，米ドルのプット・オプションを保有していると考えることができる。

取引終了日に元本交換を伴う場合もあり，コール・オプションが行使されずに契約満期日を迎えた際に，あらかじめ定められた為替レートで日本円と米ドルを交換したり，契約満期日近辺の為替レートがある条件を満たした場合に，その為替レートで交換したりする取引もある。

CPRDは，コーラブル・スワップやバミューダン・スワップションと同様に，それ自体が多く取引されるというよりも，解約権付の仕組債（CPRD債）や仕組預金（CPRD預金）に組み込まれているデリバティブとして知られている。

CPRDについては，通常，取引相手の金融機関から入手した相場価格か，オプション価格モデルを利用して算定された将来キャッシュ・フローの割引現在価値により時価が算定されると考えられる。

CPRDには，上記のように通貨オプションが組み込まれているのと同時に，バミューダン・コール・オプションが付されていることから，スワップションに類似した性質も持っているため，金利モデルと為替モデルを組み合わせた評価が行われていると考えられる。その際には，例えば日本円金利と米ドル金利，日本円金利とドル円為替レート，米ドル金利とドル円為替レートのように，モデル化されているそれぞれの要素間の相関係数を見積って適用することが考えられる。

これらに本章①７で述べたような数値積分，格子モデル，モンテカルロ・シミュレーション，偏微分方程式等の数値解法を適用して算定されると考えられる。その際には，キャリブレーションを行うことになる。

通貨オプションが組み込まれていることから，為替モデルに関して通貨オプションの価格と整合していることが望ましく，市場で観察可能な通貨オプションの価格に合うようにキャリブレーションが行われると考えられる。また，金利モデルに関しては，バミューダン・スワップションと同様に，市場で観察可能なヨーロピアン・スワップションの価格に合うようにキャリブレーションが行われると考えられる。

10 ターゲット・リデンプション（TARN）

ターゲット・リデンプション（Target Redemption，TARN）は，取引開始からの累積金利が，あらかじめ定めた水準（Target）に到達した場合に取引終了（Redemption）となるスワップである。累積される金利が，為替レートに連動して決められる場合が多く，ここで取り上げることにする。

為替レートに連動して決められる金利には，さまざまな種類があるが，例えば，利払日の5営業日前の米ドル・日本円の為替レートをFXと書くとすると，「(FX－110) ×１％，ただし，０％以上」などとされているものが典型的である。

TARNもCPRDと同様に長期間の取引であることも多く，期間30年にわたり，半年ごとに上記の金利と６カ月LIBORを交換し，為替レートに連動する金利の累積が20％に達したら，その時点で取引終了となる，などという取引が考えられる。

為替レートに連動するTARNは，CPRDと同様に，それ自体が多く取引されるというよりも，解約権付の仕組債（TARN債）や仕組預金（TARN預金）に組み込まれているデリバティブとして知られている。

TARNについては，通常，取引相手の金融機関から入手した相場価格か，オプション価格モデルを利用して算定された将来キャッシュ・フローの割引現在価値により時価が算定されると考えられる。

CPRDと同様に，金利モデルと為替モデルを組み合わせた評価が行われていると考えられる。

5 株式関連デリバティブの種類別の評価技法

1 上場デリバティブ

上場デリバティブについては，通常，取引所価格により時価が算定されると考えられる。本邦の上場株式デリバティブとしては，日経平均先物や，そのオプションなどが挙げられる。

2 株式先渡取引

株式先渡取引は，将来のある時点に，あらかじめ定められた株価で株式を売買する取引であり，「株式フォワード」などと呼ばれる。

株式先渡取引については，通常，取引相手の金融機関から入手した相場価格か，先渡価格や，配当と市場金利を考慮して算定された将来キャッシュ・フローの割引現在価値により時価が算定されると考えられる。

株式先渡取引の時価は，本章4 2で述べた為替予約のように，為替予約での先渡レートに相当する先渡価格が市場で観察可能である場合には，同様の方法で算定することができる。

先渡価格が直接観察できない場合には，為替予約の説明の中で触れたように，割引率の考え方を適用して，以下のように先渡価格を算定することが考えられる。

為替予約を，将来のある時点に，あらかじめ定められた日本円で米ドルを売買する取引とし，米ドルを株式に置き換えて考えてみる。為替予約では，将来のある時点までに，米ドルは米ドルの金利に相当するキャッシュ・フローが発生すると考えていたが，これを株式に置き換えると，株式は配当に相当するキャッシュ・フローが発生すると考えることもできる。日本円は，為替予約同様に日本円の金利に相当するキャッシュ・フローが発生すると考えれば，為替予約での評価で用いた米ドルの割引率を，配当率に対応する割引率に置き換えればよいと考えられる。為替予約の場合には，

先渡レート＝直物レート×米ドル割引率÷日本円割引率

であったが，これを，

先渡価格＝現在価格×配当率に対応する割引率÷日本円割引率

に置き換えるわけである。

この方法は，配当が金利と同様に，日々連続的に付与されるとみなしているが，実際には，権利確定日に保有している場合にのみ，受け取ることができるキャッシュ・フローである。このため，受渡日が権利確定日以降の先渡価格は，

先渡価格＝現在価格÷日本円割引率－配当額

権利確定日までの先渡価格は，

先渡価格＝現在価格÷日本円割引率

と考えることもできる。

なお，配当が未定の場合には，予想配当を適用することになると考えられる。また，株式を保有していると，貸株料を得られる場合があり，これを配当と同様に将来キャッシュ・フローに反映することも考えられる。

3　トータル・リターン・スワップ

トータル・リターン・スワップ（TRS）あるいはトータル・レート・オブ・リターン・スワップ（TROR）は，参照資産のリターンと変動金利などを交換するスワップである。参照資産は債券や株式など，契約ごとに異なるが，ここでは株式の場合を取り上げる。

株式のリターンの典型例として，利息計算開始日から終了日までの株価変動

額と配当の合計とする場合が挙げられる。

図表4－22　トータル・リターン・スワップの例

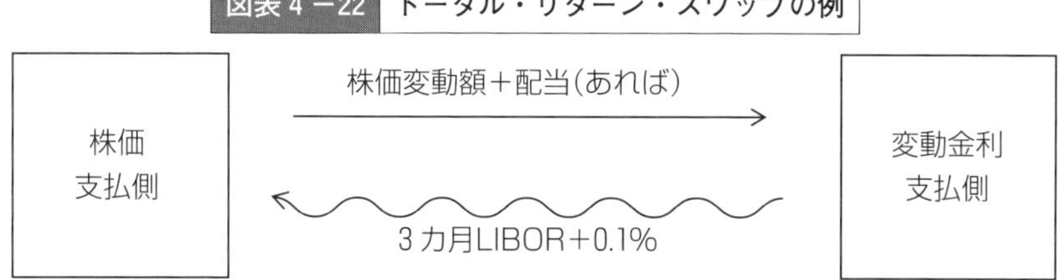

図表4－22で，株価が下落した場合には，株価支払側から変動金利支払側へのキャッシュ・フローが逆向きとなることもあり得る点に留意が必要である。

トータル・リターン・スワップについては，通常，取引相手の金融機関から入手した相場価格か，先渡価格や，配当と市場金利を考慮して算定された将来キャッシュ・フローの割引現在価値により時価が算定されると考えられる。

先に挙げた例では，株式のリターンから生じるキャッシュ・フローを，株式先渡取引の中で説明した方法で算定することが可能であり，これの割引現在価値を算定することが考えられる。3カ月LIBORなどの変動金利側の割引現在価値は，本章③**2**および**6**で述べた金利スワップやOISと同様に算定することが可能である。

4　株式オプション

株式オプションは，将来時点に，あらかじめ定めた価格で株式を売買する権利である。例えば，1年後に，権利の買手が1株＝100円でA社株式を買うことができる権利が考えられる。これはA社株式のコール・オプションである。逆に，権利の買手が1株＝90円でA社株式を売ることができる権利が考えられる。これはA社株式のプット・オプションである。

株式オプションについては，通常，取引相手の金融機関から入手した相場価格か，オプション価格モデルを利用して算定された将来キャッシュ・フローの割引現在価値により時価が算定されると考えられる。

オプション価格モデルでは，ブラック・ショールズ・モデルが広く用いられていると考えられる。株式先渡取引の評価で，為替予約の評価の考え方から類推したのと同様に，株式オプションのブラック・ショールズ式は，通貨オプションのブラック・ショールズ式の先渡レートを，株式の先渡価格に置き換えればよいと考えられる。

株価のボラティリティは，主要な銘柄であれば，インプライド・ボラティリティ（第6章3 **3**参照）がインターバンク市場で観察可能であるが，株式にはさまざまな銘柄が存在することから，個別性に留意が必要である。また，期間が同じであっても，ストライク水準に応じてボラティリティが異なる，ボラティリティ・スキューとかボラティリティ・スマイルなどと呼ばれる現象が，株式オプションでも観察されることがあり，これについても留意が必要である。

ストライク水準に応じてボラティリティが異なる場合を取り扱うモデルとして，SABRモデル，ローカル・ボラティリティ・モデル，ヘストン・モデルなどが知られている。

5　パワーEBスワップ

パワーEBスワップは，将来時点の株価に連動する金利と，6カ月LIBORなどの金利を交換するスワップである。株価に連動する金利は，将来時点の株価が，あらかじめ定められたストライクを上回ると10%，下回ると0.1%などとデジタル・オプションが組み込まれている場合が多いようである。

また，通常，株価の上昇に関するノックアウト・オプションが付いていて，利払日近辺の株価が，取引時の株価を一定程度上回る水準に設定されたトリガーを超えると，その利払をもって取引終了となる。

加えて，株価の下落に関するノックイン・オプションとプット・オプションも付いていて，(1)観測期間中の株価が，取引時の株価を一定程度下回る水準に設定されたトリガーを一度でも下回り，(2)ノックアウトせずに（失効せずに）契約満期日を迎え，契約満期日近辺の株価が，取引時の株価と同程度の水準に設定されたストライクを下回った場合，株価に連動する金利を支払う側が，あらかじめ定められた株数の株式を受け渡し，6カ月LIBORなどの金利を支払う側が想定元本を支払う。

つまり，株価に連動する金利を受け取る側から見ると，株価がある程度下落して契約満期日を迎えると，その株式をあらかじめ定めた株価で購入することになる。これは，他社株転換社債（EB債）と同様のキャッシュ・フローである。

商品性が複雑なため，株価に連動する金利を受け取る側の具体例を示す。期間5年，想定元本1億円で，6カ月ごとの利払日の5営業日前（株価判定日）に，A社の株価が100円以上ならば10%，100円未満なら0.1%という受取金利が決定し，利払日に当該金利に相当する利息を受け取り，6カ月LIBORに相当する利息を支払う。株価判定日にA社の株価が150円以上ならば，ノックアウトとなり，当該利息交換日に取引終了となる。5年間にA社の株価が一度でも60円以下となり，5年間ノックアウトせずに満期を迎え，満期日直前の株価判定日にA社の株価が100円未満だった場合，A社株を100万株受け取り，1億円を支払う。これがパワーEBスワップの例である（図表4－23）。

図表4－23　パワーEBスワップの例

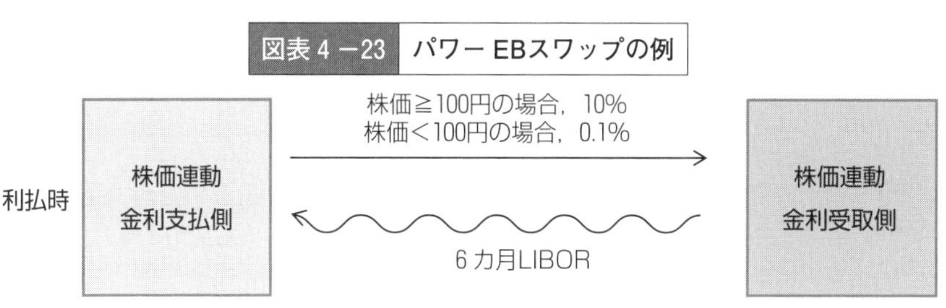

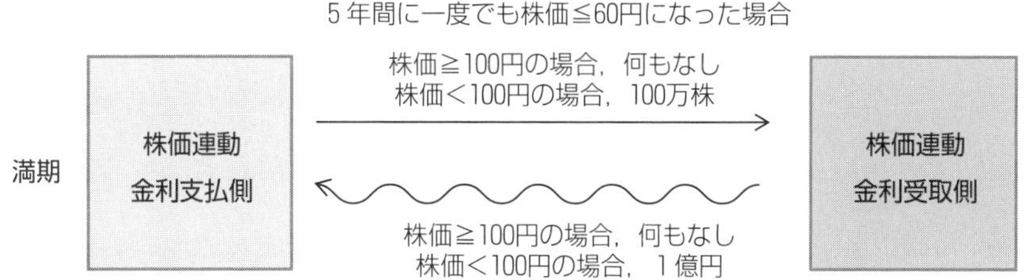

パワーEBスワップは，コーラブル・スワップやバミューダン・スワップションと同様に，それ自体が多く取引されるというよりも，解約権付の仕組債(パワーEB）に組み込まれているデリバティブとして知られている。

パワーEBスワップについては，通常，取引相手の金融機関から入手した相場価格か，オプション価格モデルを利用して算定された将来キャッシュ・フローの割引現在価値により時価が算定されると考えられる。

パワーEBスワップには，上記のように株式オプションが組み込まれていることから，株価モデルを用いた評価が行われていると考えられる。これに本章1 **7**で述べたような数値積分，格子モデル，モンテカルロ・シミュレーション，偏微分方程式等の数値解法を適用して算定されると考えられる。その際には，本章1 **6**で述べたようなキャリブレーションを行うことになる。

株式オプションが組み込まれていることから，株価モデルに関して株式オプションの価格と整合していることが望ましく，市場で観察可能な株式オプションの価格に合うようにキャリブレーションが行われると考えられる。

6　新株予約権

新株予約権は，将来，株式の交付を受けることができる権利であり，株式のコール・オプションである。

株式のコール・オプションであるから，**4**で述べた株式オプションと同様に評価することが可能と考えられるが，実際には，新株予約権にはさまざまな条件が付されていることがあり，留意が必要である。典型例として，権利行使価格（ストライク）が，直近株価より少し低い，例えば直近株価の92%に修正される，いわゆるムービング・ストライクが適用されていたり，株価が一定水準を下回った場合に，発行価格で発行体に買い戻しさせる権利が付されていたりする。こうした場合には，株価モデルに数値解法を適用して時価を算定することが考えられる。

ここで，新株予約権の時価の算定にあたり，「マーケット・インパクト」，「売却コスト」といった大量売却に伴うインプットを使用する考え方が一部にあるが，時価算定適用指針において，大量に保有している場合であっても当該金融商品を一度に売却する際に生じる価格の低下についての調整を行わないこととされている（第5章3 2参照）。

また，新株予約権の時価の算定にあたり，新株の交付を受けてからの売却行動に一定の前提を置いて評価する考え方が一部にあるが，時価算定会計基準に基づく時価の算定は対象となる企業に固有のものではなく，資産の保有や負債の決済または履行に関する企業の意図は反映しない（第2章3参照）点にも留意が必要である。

6　その他のデリバティブの種類別の評価技法

1　クレジット・デフォルト・スワップ（CDS）

クレジット・デフォルト・スワップ（Credit Default Swap，CDS）は，プレミアムを支払う（受け取る）代わりに，ある企業等を参照体と定め，その参照体に，特定の信用事由が生じた場合に，あらかじめ定められた算定方法に従い，何らかのキャッシュ・フローを受け取る（支払う）取引である。プレミアムを支払い，信用事由発生時にキャッシュ・フローを受け取ることができる側は，プロテクションの買手，反対側は売手と呼ばれる。

信用事由には，破産（Bankruptcy），支払不履行（Failure to Pay），リストラクチャリング（Restructuring）などがあり，契約に応じて定められる。信用事由発生時には，国際スワップ・デリバティブ協会（International Swaps and Derivatives Association，ISDA）でオークションが行われ，通常は，そこで決定した回収価格に相当する最終価格を使用して，契約に応じて定められるキャッシュ・フローの金額を確定させる。

インターバンク市場では，例えば，A社について，5年間に信用事由が生じた場合，その時点で当初価格と最終価格の差分に相当する金額（損失額に相当する金額）を受け取り取引終了となる代わりに，信用事由が生じるまで，生じなければ5年間，３カ月ごとに支払う前提での分割プレミアムが提示されて，取引されている。このプレミアムは，「CDSスプレッド」と呼ばれる。

CDSについては，通常，取引相手の金融機関から入手した相場価格か，CDSスプレッドを利用して算定された将来キャッシュ・フローの割引現在価値により時価が算定されると考えられる。

CDSスプレッドを利用して時価評価を行う場合には，市場で観察可能なスワップ金利からインプライド・フォワード・レートや割引率を算定したり，キャップのボラティリティからキャップレットのボラティリティを算定したりするのと同様に，ブート・ストラップ法を適用することが考えられる。これは，期間の短いCDSスプレッドから，順次，信用事由が生じる確率を意味するデフォルト率（ハザード率）を求めていき，それらを評価対象のCDSのキャッシュ・フローに適用するというものである。

例えば，元本１で前提となる回収率を40%，CDSスプレッドをｓとする。プロテクションの買手の場合，時点ｔで信用事由が生じたとすると$1\times(1-40\%)=0.6$の受取キャッシュ・フローが発生し，信用事由が生じなければ$1\times s\times t$の支払キャッシュ・フローが発生する。時点ｔまでに信用事由が生じる確率をPD(t)とすると，

$$PD(t)\times 0.6=\left(1-PD(t)\right)\times 1\times s\times t$$

が成り立つので，PD(t)を計算することが可能である。これを期間の短いCDSスプレッドから順次適用し，さまざまな時点までのデフォルト率を算定する。得られたデフォルト率を，評価対象のCDSの想定将来キャッシュ・フローに適用し，割引現在価値を算定する方法が考えられる。

なお，CDS契約の標準化が進められたことにより，インターバンク市場での取引では，分割プレミアムは100bpなどに固定し，市場で観察可能なCDSスプレッドとの差分を，取引直後に（アップフロントで）決済することが多いようである。

2　コモディティ・デリバティブ

原油や農産物，非鉄金属など，いわゆるコモディティの上場デリバティブについては，通常，取引所価格により時価が算定されると考えられる。上場コモディティ・デリバティブとしては，原油のWTI先物などが挙げられる。

非上場のコモディティ・デリバティブとしては，コモディティの変動価格と固定価格を交換するスワップや，コモディティ価格を参照するオプションも取引されている。例えば，原油価格の場合はWTI先物価格やJCC価格，非鉄金属価格の場合はLME先物価格を参照する取引が多いようである。

先物価格を参照するコモディティ・デリバティブの特徴として，変動価格側は，日々の終値について，１カ月間などの期間平均を採用する場合が多いという点が挙げられる。また，外貨建ての指標の場合，為替レートについて，同様に期間平均を採用し，円貨換算した金額を受払いする取引も見られる。さらに，価格に季節性が見られるコモディティもあり，留意が必要である。

非上場のコモディティ・デリバティブについては，通常，取引相手の金融機関から入手した相場価格か，参照する先物価格やオプション価格モデルを利用して算定された将来キャッシュ・フローの割引現在価値により時価が算定されると考えられる。

3　その他のデリバティブ

その他のデリバティブとして，気温，降水量などが一定の条件を満たした場合にキャッシュ・フローが発生する天候デリバティブ（ウェザー・デリバティブ），地震のマグニチュード，震度などが一定の条件を満たした場合にキャッシュ・フローが発生する地震デリバティブなどがある。

これらのデリバティブの時価算定にあたっては，契約で参照している事象の発生可能性や，類似している契約の取引価格などを参考にしながら，将来キャッシュ・フローの割引現在価値により時価が算定されると考えられる。

そのほかにも，本邦では変動が限定的であることからあまり見られないようだが，消費者物価指数などのインフレ率に連動するデリバティブ，電力価格に連動するデリバティブなど，さまざまな種類の取引がある。

いずれにしても，取引により発生する権利義務の価値に影響を与える基礎数値の特性を踏まえて，類似している契約の取引価格などを参考にしながら，将来キャッシュ・フローの割引現在価値により時価が算定されると考えられる。

7 信用評価調整

本章1から6において，相対デリバティブ取引の時価を算定する際の，取引相手と自らの契約不履行の可能性に関する時価への影響については，特に述べてこなかった。以下ではこの点について説明する。

信用評価調整（第2章5 **3** ③参照）のうち，CVAは，将来時点において，取引相手がデリバティブ契約を履行できなかった場合，自らの時価がプラスだったとすると，その一部または全部を回収できない可能性を評価した額である。この取引相手の信用リスクにさらされているプラスの時価をエクスポージャーと呼ぶが，現在時点ではなく，将来時点でのエクスポージャーを考える必要があり，一般にデリバティブの時価は日々変動することから，エクスポージャーも変動する点に留意が必要である。

いま，離散的な時点 $t_1, t_2, \cdots, t_M$ を考えると，CVAは以下の式で表すことができる。

$$\mathrm{CVA}=\sum_{i=1}^{M}\mathrm{E}[V^{+}(t_i)\times \mathrm{PD}(t_{i-1},t_i)\times \mathrm{LGD}\times \mathrm{DF}(t_i)]$$

ここで，$V^{+}(t_i)$ は時点 t_i におけるエクスポージャー，$\mathrm{PD}(t_{i-1},t_i)$ は，時点 t_{i-1} と時点 t_i の間のデフォルト率，LGDはデフォルト時損失率，$\mathrm{DF}(t_i)$ は時点 t_i における割引率であり，Eはこれらの積の期待値を表す。上の式の右辺は，将来の各時点で，その時点でのエクスポージャーにデフォルト率と損失率を掛け算して，さらに割引現在価値を算定した結果の期待値を，各時点について集計した値と考えることができる。

ちなみに，上の式でデフォルト率が確率変動しない等の前提を置くと，期待値の計算は，$V^+(t_i)$についてのみ行えば足りることになる。$V^+(t_i)$の期待値$E[V^+(t_i)]$は期待エクスポージャーと呼ばれ，デリバティブの時価がプラスとなる場合の期待値である。これは，デリバティブのオプションの将来価値と等しいと考えることができる。オプションの買手は，将来時点での価値がマイナスとなる場合，権利を放棄することでその価値はゼロとなり，プラスとなる場合の期待値が，オプションの価値と考えられるからである。例えば，金利スワップの期待エクスポージャーを算定することは，スワップションの価値を算定することと同様であると考えることができる。

なお，取引相手の信用リスクを考慮する際には，観察できないインプットより，観察可能なインプットの使用が優先される点に留意が必要である（第2章3参照）。デフォルト率については，取引相手のCDSスプレッドが観察可能である場合には，それを優先的に使用する。取引相手のCDSスプレッドが直接観察できない場合でも，業種や信用力などが類似する企業等のCDSスプレッドが観察可能である場合には，一定の仮定に基づくプロキシー（Proxy）カーブを作成し，それを用いてデフォルト率を推計することが考えられる。

そのほかに，取引相手との間で担保授受がある場合や，複数の取引から生じる債権債務を相殺（一括清算ネッティング等）する契約がある場合（第2章5 3③参照）には，これらを反映して算定することになると考えられる。

上記の考え方を反映してCVAやDVAを算定する場合，一般には，取引相手と複数の取引を行っていることから，期待エクスポージャーの算定は簡単には行えず，通常，金利モデルや為替モデルに，モンテカルロ・シミュレーションを適用することになると考えられる。

第5章 評価技法へのインプット

1 インプットの定義

第2章4 4で述べたとおり，インプットとは，市場参加者が資産または負債の時価を算定する際に用いる仮定であり，時価の算定に用いる特定の評価技法（価格決定モデル等）に固有のリスクおよび評価技法へのインプットに固有のリスクに関する仮定を含む。また，インプットには，観察可能なインプットと観察できないインプットがあり（時価算定会計基準第4項(5)），観察可能なインプットを最大限利用し，観察できないインプットの利用を最小限にする（時価算定会計基準第8項）。

時価算定会計基準における時価の算定においては，市場参加者の観点が重視されるため，観察可能なインプットは，観察できないインプットよりも信頼性が高い。観察できないインプットは，企業固有のインプットと呼ばれることもあり，市場ではなく企業において創出される。

使用するインプットは，資産または負債の取引において市場参加者が考慮する当該資産または負債の特性と整合するものでなければならない（第2章6 2参照）。金融商品の時価に影響を及ぼす要因には，以下のようにさまざまなものがある。

- 貨幣の時間的価値（リスク・フリー金利）
- 信用リスク（金融資産に関しては契約相手の信用リスク，金融負債に関しては自

身の信用リスク）
- 流動性リスク
- 為替レート
- コモディティ価格
- 株式価格
- ボラティリティ
- 早期償還または解約リスク
- 回収サービス業務のコスト

2 インプットが観察可能となる可能性のある市場

インプットが観察可能となる可能性のある市場としては，例えば，取引所市場，ディーラー市場，ブローカー市場，相対市場等がある（時価算定会計基準第37項）。取引所市場，ディーラー市場，ブローカー市場，相対市場について，IFRS第13号B34項を参考に説明すると，それぞれ，以下のとおりである。

① 取引所市場

取引所市場では，終値が利用可能であり，一般的に時価を表すものでもある。こうした市場の一例は，ロンドン証券取引所である。

② ディーラー市場

ディーラー市場では，ディーラーが取引（自己の計算での売りまたは買いのいずれか）のために待機しており，自らの資本を，市場を構成する品目の在庫を保有するために使用することにより，流動性を提供している。通常，買呼値と売呼値（第2章5 3②参照）のほうが，終値よりも容易に利用可能である。店頭市場（価格が公表される。）はディーラー市場である。

③ ブローカー市場

ブローカー市場では，ブローカーが買手と売手の仲介をしようとするが，自己の計算で売買をするために待機することはしない。言い換えると，ブローカーは，市場を構成する品目の在庫を保有するために自己の資本を使用しない。ブローカーは，それぞれの当事者の買気配と売気配の価格を知っているが，各当事者は通常は他の当事者の価格要求を知らない。成立した取引の情報は入手可能であることもある。ブローカー市場には，電子通信ネットワーク（そこで買注文と売注文が結び付けられる。）などがある。

④　相対市場

相対市場では，取引（組成と再販売の両方）が仲介者なしに独立に交渉される。そうした取引に関する情報は，ほとんど公開されない場合がある。

取引価格または気配値が観察可能なインプットとなる可能性のある市場は，改正前金融商品会計基準における，そこで成立する取引価格を市場価格とすることができる市場と概ね同一範囲と考えられる。

なぜなら，改正前金融商品実務指針第51項において，「取引所及び店頭において取引が行われていなくても，随時，売買・換金等を行うことができる取引システム（例えば，金融機関・証券会社間の市場，ディーラー間の市場，電子媒体取引市場）が流通性を確保する上で十分に整備されている場合には，そこで成立する取引価格を市場価格とすることができる。」とされているからである（もっとも，「市場価格に基づく価額」を時価とすることができるのは，無調整の相場価格を時価とすることができる，有価証券，上場デリバティブ，店頭有価証券デリバティブなどの市場に限られる。）。

ただし，相対市場における取引価格も観察可能なインプットとなる可能性があることに留意が必要である。

3　インプットの調整

1　インプットの調整の基本的な考え方

時価を算定するにあたっては，資産または負債の特性に基づきインプットの調整を行うかどうかを考慮する（時価算定適用指針第36項）。ただし，資産または負債が活発な市場で取引されている場合には，インプットの調整を行わず，個々の資産または負債の活発な市場における相場価格に保有数量を乗じたものを時価とする（時価算定適用指針第７項参照）。

「活発な市場」とは，継続的に価格情報が提供される程度に十分な数量および頻度で取引が行われている市場をいう（時価算定会計基準第４項(6)）。インプットの調整は，対象となる資産または負債に適用される会計処理または開示における単位と整合的なものとする（時価算定適用指針第36項(1)）。

2　大量保有要因

インプットの調整にあたっては，例えば，同一の銘柄の株式を大量に保有している場合にどのように考えるかが問題となる。

一般に，市場における通常の日次取引高では売却できないほどに株式を大量に保有している場合，当該株式を一度に売却しようとすると，価格が低下し，取引直前の相場価格で売却を行うことはできないと考えられる。

しかし，時価算定会計基準では，時価を算定するにあたっては，市場における通常の日次取引高では売却できないほどに金融商品を大量に保有している場合であっても，当該金融商品を一度に売却する際に生じる価格の低下についての調整を行わないものとされている（時価算定適用指針第７項）。大量保有要因は，保有企業に固有のものであり，資産に固有のものではない，すなわち，資産の特性ではないからであると考えられる。

3　支配プレミアム

一方，他の上場企業の支配を獲得する（子会社化する）目的で，当該他の上場企業の発行済議決権株式の過半数を取得しようとする場合，取引価格は取引直前の相場価格を大きく上回ることが多い。また，他の非上場企業の支配を獲得する目的で，当該他の非上場企業の発行済議決権株式の過半数を取得しようとする場合も，取引価格は，支配の獲得を目的としない場合に想定される価格を大きく上回ることが多い。

この価格差は，他の企業の持分を支配するにあたって市場参加者である買手が支払う追加的な金額であり，一般に，支配プレミアムと呼ばれている。時価算定会計基準において，支配プレミアムは，市場参加者が資産または負債の時価を算定する際に考慮する特性（第２章[6] **2**参照）であり，時価の算定に反映するものとされている。

ただし，活発な市場における当該株式の相場価格（レベル1のインプット）を用いる場合は反映しない（時価算定適用指針第8項参照）。その結果，支配プレミアムを含む価額で他の上場企業の株式を取得した場合，取得企業における当初認識時においては，取得価額が時価となるが，その後の決算時における個別財務諸表上の子会社株式の減損処理（要否の検討を含む。）においては，支配プレミアムを調整しない相場価格を用いなければならないことになる（第2章[5] 2参照）。

なお，市場価格のない株式等の減損処理（要否の検討を含む。）は，時価ではなく実質価額に基づいて行うが，実質価額の算定には支配プレミアムが反映される（第1章[3] 6 ③参照）。

上記は，支配を獲得する場合だけでなく，他の企業に対する重要な影響力を獲得する（関連会社化する）ことを目的として他の企業の株式を取得する場合も同様である。

4　買気配と売気配

1　原則的な取扱い

時価を算定する資産または負債の相場価格として，取引として成立した価格ではなく，気配値が公表されることがある。時価を算定する資産または負債に買気配および売気配がある場合は，当該資産または負債の状況を考慮し，買気配と売気配の間の適切な価格をインプットとして用いることになる（時価算定適用指針第9項）。

具体的にどのような状況を考慮して「買気配と売気配の間の適切な価格」を決定するのかは明らかにされていないが，時価の定義である「算定日において市場参加者間で秩序ある取引が行われると想定した場合の，当該取引における資産の売却によって受け取る価格または負債の移転のために支払う価格」を考慮することが適切と考えられる。

買気配と売気配の間で，当該資産または負債の状況における時価として最も適切な価格を決定する際には，資産または負債の買気配と売気配の差に何が含まれるのかを検討する必要がある。

時価算定会計基準公表前の金融商品実務指針では，非上場デリバティブ取引の時価評価について，「インターバンク市場等の気配値がある場合，売り気配と買い気配の幅が大きく，仲値による評価額との乖離が重要な場合には，正の時価を有する資産については買い気配，負の時価を有する負債については売り気配を使用することが望ましい。」（金融商品実務指針第293項）とされていた。

しかしながら，市場参加者が実際に取引を行う際には，買気配と売気配の一定の範囲で交渉を行うことから，時価算定会計基準の下では，必ずしも資産については買気配，負債については売気配を用いることが望ましいとはいえない。

2　実務上の簡便法

買気配および売気配がある場合における原則的な取扱いは**1**のとおりであるが，「実務上の簡便法として用いられる仲値等の利用を妨げるものではない」とされている（時価算定適用指針第９項）。

ただし，実務上の簡便法は無条件に適用できるわけではない。時価算定会計基準公表前の金融商品実務指針第293項において仲値を使用することが許容されている気配の幅が小さい場合は，時価算定会計基準適用後も簡便法として許容される程度の影響しかないとすれば，仲値を用いることも，資産に買気配，負債に売気配を用いることもできると考えられる。

また，実務上の簡便法としての適用要件は，本質的には気配の幅が小さいことではなく，市場参加者によって受け入れられている価格付けの慣行に基づくものであり，かつ，時価の定義（特に，出口価格であること）に整合するものであることであると考えられる（設例10参照）。実務上の簡便法の適用方針は，会計方針として毎期継続して適用することが必要であり，注記することが望ましい。

特定の市場リスク（市場価格の変動に係るリスク）に関して金融資産および金融負債を相殺した後の正味の資産または負債を基礎として，当該金融資産および金融負債のグループを単位とした時価を算定する場合（第２章5 3参照）には，特定の市場リスクを相殺する金融資産および金融負債の時価としては仲値を用いることができると考えられる。

特定の市場リスクに対する金融資産および金融負債を相殺した後の正味の資産または負債については，買気配と売気配の間の適切な価格を適用するものとされている（時価算定適用指針第35項）が，実務上の簡便法の利用については，個々の金融商品を時価の算定単位とする場合と同様であると解される。

設例10　買気配と売気配

１．前提条件

⑴　企業Ｘと企業Ｙは，資産として債券Ａを保有する。

⑵　企業Ｙは，ディーラー市場におけるディーラーであり，債券Ａのマーケット・メーカーであるが，企業Ｘはそうではない。

⑶　債券Ａは，企業Ｙおよび他のディーラーにより，活発な市場において買気配および売気配を用いて取引されている。

⑷　企業Ｘは，債券Ａを買気配またはその付近の価格で売却する可能性が高い。

⑸　企業Ｙは，債券Ａを買気配より高い価格で売却することができる。

２．実務上の簡便法

企業Ｘおよび企業Ｙは，ともに，債券Ａの時価として買気配または仲値を使用する方針を選択することができる。しかし，債券Ａの時価として売気配を使用する方針は，出口価格であることを意味する時価の定義と整合しないため選択することができない。

3　仲値，買気配，売気配を使用する方針の変更

原則的な取扱いに従い，時価を算定する資産または負債に買気配および売気配がある場合には，当該資産または負債の状況を考慮し，買気配と売気配の間の適切な価格をインプットとして用いるか，あるいは，実務上の簡便法を採用するかは，会計上の見積りにおける会計方針と考えられる。

時価算定会計基準および時価算定適用指針では，評価技法またはその適用を変更する場合として，時価の精度をより高めることとなる場合があり（時価算定適用指針第6項），当該変更は会計上の見積りの変更として処理することになる（時価算定会計基準第10項）とされている。

原則的な取扱いに従った方法から，実務上の簡便法に変更することは，一般的には時価の精度をより高めるものではないため，正当なものと認められないと考えられる。実務上の簡便法から原則的な取扱いに従った方法への変更も，無条件に正当なものとして取り扱うことは適切ではないと考えられる。

実務上の簡便法は，原則的な取扱いに従った場合との差異に重要性が乏しい場合にのみ採用される方法ではない。実務上の簡便法の採用を選択する場合，程度の差はあれ，原則的な取扱いに従った方法を採用することが容易ではないという状況があったと考えられる。当事業年度における企業の事業内容または企業内外の経営環境の変化により，原則的な取扱いに従った方法により算定される時価が，従来の簡便法に拠った場合と比較して時価の定義により厳密に従うことになるという，積極的な根拠が必要と考えられる。

第6章 レベル別分類

1 インプットと時価のレベル

1 時価の算定に用いるインプットの優先順位とレベル

時価の算定に評価技法を用いるにあたっては，関連性のある観察可能なインプットを最大限利用し，観察できないインプットの利用を最小限にすることが要求される（第２章4 4参照）。観察可能なインプットは，時価の算定に用いる際の優先順位として，さらに，レベル１のインプットとレベル２のインプットに分けられる。観察できないインプットは，レベル３とされる。

2 時価のレベル別分類

インプットを用いて算定した時価は，その算定において重要な影響を与えるインプットが属するレベルに応じて，レベル１の時価，レベル２の時価またはレベル３の時価に分類する（時価算定会計基準第12項）。

時価を算定するために異なるレベルに区分される複数のインプットを用いており，これらのインプットに，時価の算定に重要な影響を与えるインプットが複数含まれる場合，これら重要な影響を与えるインプットが属するレベルのうち，時価の算定における優先順位が最も低いレベルに当該時価を分類する（時価算定会計基準第12項）。

インプットの入手可能性およびその主観性が評価技法の選択に影響を及ぼす可能性があるが，時価を分類するレベルは，評価技法に用いるインプットのレベルに基づくものであり，評価技法に基づくものではない（時価算定会計基準第38項）。

3　インプットの調整

時価を算定するにあたっては，資産または負債の特性に基づきインプットの調整を行うかどうかを考慮する。その際には，以下の点に留意することが必要であると考えられる（時価算定適用指針第36項）。

(1)　当該調整は，対象となる資産または負債に適用される会計処理または開示における単位（第２章⑤**1**参照）と整合的なものとする。
(2)　資産または負債の保有規模について，資産または負債に固有の特性として時価に反映するかどうかを考慮する。
(3)　資産または負債の保有規模について，企業による保有の特性は時価に反映しない。

上記(2)の資産または負債に固有の特性の例は，支配プレミアムである（第５章③**3**参照）。時価算定適用指針第８項では，レベル１のインプットを用いる場合を除き，他の企業の持分を支配するにあたって市場参加者である買手が支払う追加的な金額である支配プレミアム等，市場参加者が資産または負債の時価を算定する際に考慮する特性を時価の算定に反映するものとされている。ただし，上記(1)の時価の算定単位に関する留意事項が優先されると考えられる（個別財務諸表における子会社株式および関連会社株式の減損処理の要否の判断に用いる時価について第２章⑤**2**参照）。

上記(3)の企業による保有の特性の例は，市場における通常の日次取引高では売却できないほどに金融商品を大量に保有している状況である（第５章③**2**参照）。時価算定適用指針第７項では，時価を算定するにあたっては，市場における通常の日次取引高では売却できないほどに金融商品を大量に保有している場合であっても，当該金融商品を一度に売却する際に生じる価格の低下についての調整を行わないものとされている。

2 レベル1のインプット

1　レベル1のインプットの定義

レベル1のインプットとは，時価の算定日において，企業が入手できる活発な市場における同一の資産または負債に関する相場価格であり調整されていないものをいう。当該価格は，時価の最適な根拠を提供するものであり，当該価格が利用できる場合には，特定の場合（**2**参照）を除き，当該価格を調整せずに時価の算定に使用する（時価算定会計基準第11項(1)）。

「活発な市場」とは，継続的に価格情報が提供される程度に十分な数量および頻度で取引が行われている市場をいう（時価算定会計基準第4項(6)）。活発な市場であるかどうかは，時価を算定する個々の資産または負債の取引が活発であるかどうかということであり，当該資産または負債が取引される市場が全体として活発であるかどうかということではない。例えば，取引所の同一市場に上場されている証券でも，継続的に当該証券の価格情報が提供される程度に十分な数量および頻度で取引が行われているか否かにより，当該市場が活発な市場であるか否かが異なる。

時価算定適用指針第16項には，資産または負債の取引の数量または頻度が，当該資産または負債に係る通常の市場における活動に比して著しく低下しているかどうかについて判断するための要因が示されている（第3章[1]**1**参照）。これらの要因が存在することだけでは，活発な市場ではないと結論付けるには十分ではない。特定の資産または負債について，活発な市場ではないと判断するためには，時価を算定する個々の資産または負債に対するこれらの要因の重要性および関連性を評価する必要がある。単に企業が保有する当該資産または負債の量と比較して取引量が十分でないというだけで，活発な市場ではないとみなすことは適切ではないと考えられる。

活発な市場であるか否かは，市場の状況の変化に応じて変化することがある。しかし，特定の資産または負債の取引量が減少することは，活発な市場ではなくなったことを意味するものではない。関連する取引の数量および頻度が，継続的な価格情報が提供される程度に十分である限り，当該市場は依然として活発な市場であると考えられる。

対象となる資産または負債について，レベル１のインプットを決定するにあたっては，以下の両方を評価する（時価算定適用指針第10項）。

(1) 当該資産または負債に係る主要な市場，あるいは，主要な市場がない場合には，当該資産または負債に係る最も有利な市場（第２章6 **4**参照）
(2) 当該資産または負債に関する取引について，時価の算定日に企業が主要な市場または最も有利な市場において行うことができる場合の価格

2　レベル１のインプットの調整

レベル１のインプットに対する調整は，以下の(1)から(3)の場合にのみ認められる（時価算定適用指針第11項）。

(1) 類似の資産または負債を大量に保有しており，当該資産または負債について活発な市場における相場価格が利用できるが，時価の算定日において個々の資産または負債について相場価格を入手することが困難な場合（この場合，例えば，債券についてマトリックス・プライシング[1]を用いることができる。）
(2) 活発な市場における相場価格が時価の算定日時点の時価を表さない場合
(3) 負債または払込資本を増加させる金融商品について，活発な市場で資産として取引されている同一の金融商品の相場価格を用いて時価を算定する場合で，かつ，当該相場価格を調整する場合（第３章3 **3**参照）

上記のうち，(2)に該当する状況については，時価算定会計基準および時価算定適用指針に記載されていないが，IFRS第13号では，重大な事象（相対市場

1　マトリックス・プライシングは，主としてある種の金融商品（債券など）を評価するために使用される数学的技法であり，特定の証券の相場価格にのみ依拠するのではなく，当該証券とその他のベンチマークとなる相場価格のある証券との関係に依拠する（IFRS第13号B７項）。

における取引，ブローカー市場における取引または発表など）が，市場の終了後ではあるが時価の算定日の前に発生した場合を例示している。そして，企業は時価に影響を与えるかもしれない，それらの事象を識別するための方針を設定し，首尾一貫して適用しなければならないとしている（IFRS第13号第79項(b)参照）。

市場における通常の日次取引高では売却できないほどに金融商品を大量に保有している場合であっても，時価の算定日において当該金融商品が活発な市場で取引されており，活発な市場における同一の資産または負債に関する相場価格を入手できる場合には，個々の資産または負債の活発な市場における相場価格に保有数量を乗じたものを時価とすることになる(時価算定適用指針第７項)。

3　レベル２のインプット

1　レベル２のインプットの定義

レベル２のインプットとは，資産または負債について直接または間接的に観察可能なインプットのうち，レベル１のインプット以外のインプットをいう(時価算定会計基準第11項(2))。

レベル２のインプットには，例えば，以下のものが含まれる（時価算定適用指針第12項)。

(1)　活発な市場における類似の資産または負債に関する相場価格
(2)　活発でない市場における同一または類似の資産または負債に関する相場価格
(3)　相場価格以外の観察可能なインプット
(4)　相関関係等に基づき観察可能な市場データから得られるまたは当該データに裏付けられるインプット

2　類似の資産または負債に関する相場価格

時価算定適用指針第12項(1)および(2)において，「類似の資産又は負債」という表現が用いられているが，この「類似」が何を意味するかについては，時価算定会計基準および時価算定適用指針には記載されておらず，IFRS第13号においても同様である。したがって，類似の資産または負債を識別する際には，以下の両者に基づく判断が求められる。

- 時価を算定する資産または負債と相場価格が存在する資産または負債の時価に影響を及ぼす契約条件等の要因の理解
- 当該資産または負債の時価に影響を及ぼす契約条件等の要因における差異の識別および評価

金融商品の時価に影響を及ぼす契約条件には，以下のようなものがある。

(1) キャッシュ・フローの発生時期
(2) キャッシュ・フローの金額決定要素（債券を含む金銭債権債務については適用される利率，デリバティブについては基礎数値と基礎数値に関連するキャッシュ・フローの決定条件など）
(3) 例えば，以下のような契約上のオプションの条件
  ① 期日前償還オプション
  ② 期日延長オプション
  ③ 他の金融商品への転換オプション
  ④ プットまたはコール・オプション
(4) 例えば，以下のような資産または負債の特性である信用補完
  ① 担保（マージン・コールおよびその条件を含む。）
  ② 優先劣後条件

時価算定会計基準における時価の定義より，金融商品の時価を算定するためには，当該金融商品に内在するリスクの補償として市場参加者が要求するであろう対価を評価する必要があると考えられる。したがって，相場価格が存在する資産または負債が時価を算定する資産または負債に類似するかどうか，および相場価格をどのように調整するかを決定するためには，両者に内在するリスクの相違を考慮することが適切と考えられる。

当該相場価格の調整には，負債または払込資本を増加させる金融商品の活発な市場における相場価格が入手できない場合に，他の者が資産として保有する同一の項目に係る相場価格を用いるときに行う調整（第３章[3] 3参照）が含ま

れる。

また，時価を算定する資産または負債と相場価格が存在する資産または負債の流動性リスクの相違を反映するために調整を行う必要があることがある。時価の算定に重要な影響を与えるレベル２のインプットの調整に観察できないインプットを用いる場合，算定された時価は，レベル３の時価に分類される可能性がある。

3　相関関係等に基づき観察可能な市場データから得られるまたは当該データに裏付けられるインプット

レベル１のインプットではないが，資産または負債の契約期間のほぼ全体を通じて観察可能であるインプットは，レベル２のインプットとなる（時価算定適用指針第12項）。このようなレベル２のインプットの具体例としては，以下のものがある（時価算定適用指針第37項参照）。

(1)　全期間にわたり観察可能なスワップ・レート
スワップ・レートに基づく固定受・変動払の金利スワップに関して，スワップ・レートが金利スワップのほぼ全期間にわたり一般的に公表されている間隔で観察可能である場合，当該スワップ・レートはレベル２のインプットとなる。
(2)　ほぼ全期間にわたり観察可能な外貨建イールド・カーブに基づくスワップ・レート
外貨建イールド・カーブに基づく固定受・変動払の金利スワップに関して，外貨建イールド・カーブに基づくスワップ・レートが金利スワップのほぼ全期間にわたり一般的に公表されている間隔で観察可能である場合，当該外貨建イールド・カーブに基づくスワップ・レートはレベル２のインプットとなる。 例えば，金利スワップの期間が10年であり，９年目までのスワップ・レートは一般的に公表されている間隔で観察可能であるが，10年目のスワップ・レートについてはイールド・カーブから合理的に推定することにより算出している場合に，当該推定が金利スワップ全体の時価に対して重要性に乏しいときが該当する。
(3)　観察可能な市場データに裏付けられるインプライド・ボラティリティ
評価技法を用いてオプションの時価を算定する場合，インプットとして当該オプションの基礎数値のボラティリティが必要である。当該基礎数値の相場価格が

観察可能である場合に，その相場価格から逆算されるボラティリティを「インプライド・ボラティリティ」という。

3年物の株式オプションに関して，当該株式に係る1年物と2年物の株式オプションの価格が観察可能であり，かつ，推定により算出した3年物の株式オプションのインプライド・ボラティリティが当該オプションのほぼ全期間について観察可能な市場データに裏付けられる場合，3年目までの推定によるインプライド・ボラティリティはレベル2のインプットとなる。

当該インプライド・ボラティリティは，1年物および2年物の株式オプションのインプライド・ボラティリティとの相関関係があることを前提として，1年物および2年物の株式オプションのインプライド・ボラティリティからの推定によって算出され，比較可能な類似企業の3年物の株式オプションのインプライド・ボラティリティによって裏付けられる。

4　インプットが観察できない期間の影響の評価

レベル2のインプットは，時価を算定する資産または負債の契約期間のほぼ全体を通じて観察可能でなければならない。**3**の(2)では，金利スワップの期間が10年であり，イールド・カーブからの推定による10年目のスワップ・レートが金利スワップ全体の時価に対して重要性に乏しいことを前提としている。

もし，相場価格が観察可能な期間が5年しかないなど，時価を算定する資産または負債の契約期間のほぼ全体を通じて観察可能であるという条件を満たさない場合は，当該推定が金利スワップ全体の時価に対して重要性に乏しいかどうかを評価するまでもなく，相場価格が観察できない期間のイールド・カーブからの推定によるスワップ・レートはレベル3のインプットとなる。

時価を算定する資産または負債の契約期間のほぼ全体を通じて観察可能である場合に，インプットが観察できない期間の推定が時価の算定に重要な影響を与えるかどうかを評価することになる（本章[6] **4** 参照）。

4 レベル3のインプット

1　レベル3のインプットの定義

レベル3のインプットとは，資産または負債について観察できないインプットをいう。レベル3のインプットは，関連性のある観察可能なインプットが入手できない場合に用いる（時価算定会計基準第11項(3)）。

レベル3のインプットを用いるにあたっては，市場参加者が資産または負債の時価を算定する際に用いる仮定を反映する。この際，合理的に入手できる市場参加者の仮定に関する情報を考慮する（時価算定適用指針第14項）。

レベル3のインプットを決定するにあたっては，その状況において入手できる最良の情報を用いる。この際，企業自身のデータを用いることができるが，合理的に入手できる情報により以下のいずれかの事項が識別される場合には，当該企業自身のデータを調整する（時価算定適用指針第15項）。

- 他の市場参加者が異なるデータを用いること
- 他の市場参加者が入手できない企業に固有の特性が存在すること

市場参加者が資産または負債の時価を算定する際に用いる仮定には，特定の評価技法に固有のリスクおよびインプットに固有のリスクが含まれると考えられる（時価算定適用指針第38項）。例えば，資産または負債の取引の数量または頻度が著しく低下し，取引価格または相場価格が時価を表していないと判断した場合（第3章1 2参照）等，時価の算定に重要な不確実性が存在する場合には，リスクに関する調整を時価の算定に反映することが必要となる可能性がある（時価算定適用指針第38項）。

2　レベル3のインプットの具体例

レベル3のインプットの具体例としては，以下のようなものがある（時価算定適用指針第39項参照）。

⑴　観察可能な市場データによる裏付けがないスワップ・レート
長期の通貨スワップに関して，各通貨のイールド・カーブからスワップ・レートを算出しているが，所定の通貨のイールド・カーブが，当該通貨スワップのほぼ全期間にわたり一般的に公表されている間隔で観察可能な市場データによる裏付けがない場合，当該スワップ・レートはレベル３のインプットとなる。
⑵　ヒストリカル･ボラティリティ
評価技法を用いてオプションの時価を算定する場合，インプットとして十分な信頼性がある当該オプションの基礎数値のインプライド・ボラティリティが得られないことがある。このような場合，ボラティリティとして過去の相場価格に基づく予測が用いられるが，これをヒストリカル・ボラティリティという。 ３年物の株式オプションに関して，過去の株価から算出されたヒストリカル・ボラティリティはレベル３のインプットとなる。通常，ヒストリカル・ボラティリティは，オプションの価格に利用できる唯一の情報であるとしても，将来のボラティリティに対する市場参加者の現在の期待を表すものではない。
⑶　観察可能な市場データによる裏付けがない価格調整
金利スワップに関して，当該スワップについての第三者から提供された取引可能ではない価格に対する調整が，観察可能な市場データによる裏付けのないデータを用いて決定された場合，当該価格調整はレベル３のインプットとなる。

5　第三者価格のインプットまたは時価としてのレベル

1　インプットまたは時価としての第三者価格の検討

第三者価格（第３章2 1参照）は，会計基準に従って算定されたものであると判断する場合には，時価の算定に用いることができる。第三者価格をインプットとして時価の算定に用いる場合，それがどのレベルのインプットであるかを検討するにあたっては，**2**から**5**に記載した事項を考慮することが考えられる。

なお，時価を分類するレベルは，評価技法に用いるインプットのレベルに基づくものであり，評価技法に基づくものではない（本章1 **2**参照）ことから，時価をレベル別に分類するためには，第三者が相場価格を決定するために使用したインプットを評価しなければならない。

2　レベル1のインプットまたは時価となる第三者価格

レベル1のインプットは，時価の算定日において，企業が入手できる活発な市場における同一の資産または負債に関する相場価格であり調整されていないものである（本章2 1参照）。

第三者価格が，企業が時価の算定日に利用できる同一の金融商品に関する活発な市場における無調整の相場価格のみに依拠している場合，当該第三者価格はレベル1のインプットであり，本章2 2に記載した場合を除き，調整を行わずに資産または負債の時価の算定に用いることが適切である。

第三者価格が，本章2 2に記載した調整が必要なものである場合や，活発でない市場における相場価格である場合，当該第三者価格はレベル1のインプットではない。

3　レベル2のインプットまたは時価となる第三者価格

レベル2のインプットは，レベル1以外のインプットのうち，資産または負債について直接または間接的に観察可能なものである。「観察可能なインプット」とは，入手できる観察可能な市場データに基づくインプットである（第2章4 4参照）。第三者価格が以下の要件のいずれかを満たす場合，当該第三者価格はレベル2のインプットまたはレベル2の時価であると考えられる。

(1)　活発な市場における類似の資産または負債に関する相場価格を表すものであると判断できる。
(2)　次のいずれも満たすものであると判断できる。
　①　活発でない市場における同一または類似の資産または負債に関する相場価格に基づくものである。
　②　秩序ある取引によるものである。
　③　調整は観察可能な情報および観察できないが時価の算定に重要な影響を与えない情報のみに基づくものである。

(3) 評価技法を使用して算定されたものであり，インプットは観察可能なインプットであるか，または，観察できないインプットが時価の算定に重要な影響を与えていないと判断できる。
(4) 次のいずれかの価格を用いて裏付けることができる。
① 活発な市場における秩序ある取引の価格
② 価格が相場価格となるために必要な調整が公正価値測定にとって重要ではない活発ではない市場の秩序ある取引の価格

第三者価格が時価を算定する資産または負債と同一ではない類似の資産または負債の相場価格である場合などにおいては，第三者価格を調整する必要があることがある。調整が必要となる場合には，観察できないインプットに基づくものであるかどうか，それが時価の算定に重要な影響を与えるかどうかを判断しなければならない（本章6 **4** 参照）。観察できないインプットに基づく時価の算定に重要な影響を与える場合には，当該時価はレベル３の時価に分類される。

4　レベル３のインプットまたは時価となる第三者価格

レベル３のインプットは，資産または負債について観察できないインプットである。第三者価格が以下の要件のいずれかを満たす場合，当該第三者価格はレベル３のインプットまたはレベル３の時価であると考えられる。

(1) レベル１またはレベル２のインプットに基づくが，観察できないインプットによる調整が時価の算定に重要な影響を与えていると判断できる。
(2) 観察できないインプットが時価の算定に重要な影響を与えていると判断できる。

第三者価格または第三者価格の算定に用いられたインプットが観察可能なインプットであると判断するか，観察できないインプットであると判断するかにかかわらず，詳細な分析を行わずにインプットがその状況に適切なものとして受け入れることは適切ではない。

インプットが，市場参加者が算定日において当該資産または負債の時価を算定する際に用いるであろう仮定（特定の評価技法と用いられたインプットに固有のリスクに関するものを含む。）を反映していると結論付けるために十分な理解が求められる。

さらに，用いられたインプットがその状況において入手できる最良の情報に基づいていると結論付けられなければならない。合理的に入手できる情報（企業自身のデータも含む。）により以下のいずれかの事項が識別される場合には，第三者価格に調整を加えなければならない（本章4 1参照）。

- 他の市場参加者が異なるデータを用いること
- 他の市場参加者が入手できない企業に固有の特性が存在すること

5　第三者価格についてのその他の検討事項

時価を算定する資産または負債によって，第三者価格は，当該資産または負債の時価の算定に用いる唯一のインプットであることもあれば，複数あるインプットのうちの１つであることもある。以下の状況は，第三者価格を時価の算定に考慮する程度を高めることを示唆するものである。

- 第三者価格が当該第三者と取引可能な価格である場合
- 第三者価格が複数の第三者から入手できる場合

6　時価のレベルの分類方法

1　時価のレベルの分類手順

時価のレベル別分類は，２つのステップに分かれる。まず，評価技法へのインプットの適切な区分を決定する。評価技法を用いて時価を算定した後に，その算定において重要な影響を与えるインプットが属するレベルに応じて，レベル１の時価，レベル２の時価またはレベル３の時価に分類する。これは，金融商品の時価のレベルごとの内訳等に関する注記を作成するために必要となる

（第8章④参照）。

時価の算定にレベル1のインプットのみが用いられる場合，当該時価はレベル1の時価となる。同様に，時価の算定にレベル2のインプットのみが用いられる場合，当該時価はレベル2の時価となり，レベル3のインプットのみが用いられる場合，当該時価はレベル3の時価となる。時価の算定に異なる区分のインプットが用いられる場合，それぞれのインプットが時価の算定に与える影響の程度を考慮する必要がある（**4**参照）。

2　レベル1のインプットを用いて算定される時価のレベル別分類

レベル1のインプットのみを用いて算定され，いかなる調整も行われていない時価のみがレベル1の時価に分類される。

本章②**2**に記載した(1)から(3)のいずれの場合においても，レベル1のインプットは調整を行わずに用いることができない。調整されたレベル1のインプットにより算定された時価は，当該調整の時価の算定に与える重要性の程度にかかわらず，レベル1の時価にはならず，調整に使用された重要なインプットのレベルにより，レベル2の時価またはレベル3の時価に分類される（時価算定適用指針第11項参照）。レベル1のインプットまたは時価の算定にとって重要なレベル2のインプットの調整に使用された観察できないインプット（レベル3のインプット）が，時価の算定において重要な影響を与える場合，算定された時価はレベル3の時価に分類される。

レベル1の時価に分類されるには，以下の要件が満たされなければならない。

(1)　活発な市場における相場価格が時価の算定に用いる唯一のインプットである。
(2)　時価の算定に用いる相場価格は無調整のものである。
(3)　時価の算定に用いる相場価格は時価を算定する資産または負債と同一の資産または負債のものである。
(4)　時価の算定日に時価を算定する資産または負債に関する取引を行うことができる価格である。

上記(4)については，例えば，入手できる相場価格が，企業が取引所において当該価格で取引を行うことができるものである場合や，企業が当該価格で取引することができるディーラーがいる場合には，要件を満たす。

例えば，企業が保有する債券が取引所ではなくディーラー市場で取引されており，入手可能な相場価格がディーラー市場における買呼値または売呼値であっても，当該市場が活発な市場でかつ当該債券の主要な市場であり，企業が当該市場で取引を行うことができ，時価の算定において相場価格にいかなる調整も行わない場合には，当該相場価格に基づく時価はレベル１の時価となる。

一方，ブローカーから相場価格を入手した場合であっても，そのこと自体は当該価格でブローカーと取引することができるという十分な証拠にはならない。活発な市場における相場価格はあるが，企業が当該市場で取引を行うことができないか，あるいは取引を行うことに制約があるために当該相場価格に対する調整が行われた場合，当該調整により算定された時価は，その調整の内容に応じて，レベル２またはレベル３の時価に分類される。

さらに，活発な市場における相場価格が利用できるものの，企業が類似の資産または負債を大量に保有している場合，個々の資産または負債の相場価格のすべてを入手することは困難である可能性がある。この場合，実務上の便法としての代替的な手法（例えば，債券についてのマトリックス・プライシング）を用いて時価を算定することができる（本章[2] 2 参照）が，当該時価は，レベル２またはレベル３の時価に分類される。

設例11　レベル１の時価に分類される時価—資産として取引されている発行社債

1．前提条件

(1)　企業Ａは，取引所で取引される社債Ｂを発行している。

(2)　社債Ｂは，時価の算定日において活発な市場で資産として取引されている。

(3)　企業Ａは，社債Ｂの時価を算定するにあたり，資産として取引されている社債Ｂの相場価格をインプットとして用いる。

⑷　資産としての社債Ｂには，第三者の信用補完等の当該資産に固有の要素はなく，負債としての社債Ｂの時価の算定において資産として取引されている社債Ｂの相場価格にはいかなる調整も行わない。

2．時価のレベル別分類

企業Ａにおける発行した社債Ｂの時価の算定に用いられる相場価格は資産として取引されている同一の社債の価格であり，当該相場価格に対する調整は行われないため，当該時価は，レベル１に分類される。

3　複数のインプットを用いて算定される時価のレベル別分類

時価を算定するために異なるレベルに区分される複数のインプットを用いることがある。そのような場合，時価の算定に重要な影響を与えるインプットを識別し，そのうち，時価の算定における優先順位が最も低いレベルに当該時価を分類する（時価の算定に重要な影響を与えるインプットについては，**4**参照）。

設例12　複数のインプットを用いて算定される時価のレベル別分類—市場で取引されていない株式オプション

1．前提条件

⑴　企業Ｘは，企業Ｙから，企業Ａの株式を将来の一定期間に一定の価格で売却することができるオプション（以下「株式プット・オプション」という。）を購入し，保有している。

⑵　企業Ｘは，買建株式プット・オプションの時価を算定するにあたってオプション価格モデルを用いる。

⑶　オプション価格モデルによる株式プット・オプションの時価の算定に重要な影響を与えるインプットは，企業Ａの株価，株式プット・オプションの契約期間の金利および企業Ａの株価のボラティリティである。

⑷　時価の算定日において，企業Ａの株価は，活発な市場である取引所における相場価格を入手できる。

(5) 時価の算定日において，オプション価格モデルに用いる金利は，株式プット・オプションの契約期間にわたり観察可能である。

(6) 時価の算定日において，企業Ｂの株価のインプライド・ボラティリティは直接または間接的に観察できないため，過去の企業Ｂの株価から算出されたヒストリカル・ボラティリティを用いる。

2．時価のレベル別分類

買建株式プット・オプションの時価の算定に重要な影響を与えるインプットのうち，企業Ｂの株価はレベル１のインプット，金利はレベル２のインプット（本章③3参照），企業Ｂの株価のボラティリティはレベル３のインプット（本章④2参照）である。したがって，買建株式プット・オプションの時価は，このうち，時価の算定における優先順位が最も低いレベルであるレベル３に分類される。

時価を算定するにあたり，観察できないインプットを用いて観察可能なインプットを調整し，その調整により時価が著しく高くなったり低くなったりする場合，算定された時価はレベル３に分類される。

例えば，売却が特定の期間にわたって法的に制約される有価証券について，市場参加者が時価を算定する際に当該制約を考慮に入れるとすれば，当該制約の影響を反映するように相場価格を調整することになる。相場価格が観察可能なインプットであっても，その調整が観察できないインプットを用いるものであり，時価の算定に重要な影響を与える場合，算定された時価はレベル３に分類される。

4　時価の算定に重要な影響を与えるインプット

時価算定会計基準および時価算定適用指針では，時価の算定に重要な影響を与えるインプットについて，具体的な指針は示されていない。IFRS第13号でも，当該資産または負債に固有の要因を考慮に入れた判断が必要となる（IFRS第13号第73項）とされているだけである。

金融商品の時価のレベル別分類を決定するために，各金融商品の時価の算定に用いる評価技法（インプットを調整せずに使用する方法も評価技法に該当する。第4章[1]1参照）へのインプットのレベルを把握する。そして，時価の算定に重要な影響を与えるインプットのうち時価の算定における優先順位が最も低いレベルに各金融商品の時価を分類する。各金融商品の時価の算定に重要な影響を与えるインプットを決定するための方法を定め，首尾一貫して適用することが適切と考えられる。

時価の算定に重要な影響を与えるものであるかどうかは，定性的な評価だけで判断できる場合もあれば，定量的な分析が必要とされる場合もある。例えば，現在価値技法における割引率は，一般に，時価の算定に重要な影響を与えるインプットであると考えられる。

インプットの定量的な分析が必要とされる場合，以下のステップで行うことが考えられる（設例13参照）。

(1) 時価の算定への影響度の閾値（割合）を設定する。
(2) 各インプットを合理的に考えられる範囲で変化させた場合の時価の変動率を算定し，感応度分析を行う。
(3) (2)で算定された各インプットの変化に伴う時価の変動率を(1)で設定した閾値と比較する。
(4) 特定のインプットの変化に伴う時価の変動率が設定した閾値を超える場合，当該インプットは時価の算定に重要な影響を与えると判断する。

レベル3のインプットが複数ある場合，個々のレベル3のインプットのいずれもその変化に伴う時価の変動率が設定した閾値を超えないとしても，すべてのレベル3のインプットの変化を組み合わせた場合の時価の変動率についても，設定した閾値と比較することが適切である。

上記の閾値は，個々の金融商品の時価の算定における特定の構成要素に対する割合ではなく，個々の金融商品の時価全体に対する割合とすることが適切である。また，財務諸表全体に対する影響ではなく，時価の算定単位（通常は個々の金融商品となる。第2章[5]1参照）における影響が重要であるかどうかによるため，資産合計や利益等の財務諸表項目に対する割合として設定するのは適切ではない。

設例13　レベル3のインプットが時価の算定に重要な影響を与えるかどうか―オプションが組み込まれている複合金融商品

1．前提条件

(1)　企業Aは，オプションが組み込まれている複合金融商品Xを保有している。

(2)　複合金融商品Xの時価は測定できるが，組込デリバティブを合理的に区分して測定することができないため，複合金融商品X全体を時価評価し，評価差額を当期の損益に計上する。

(3)　複合金融商品Xの時価の算定に用いられる評価技法へのインプットの1つに，観察できない組込オプションの基礎数値のボラティリティ（以下，この設例において「ボラティリティ」という。）がある。

(4)　企業Aは，複合金融商品Xの時価のレベル別分類を決定するために，ボラティリティが時価の算定に重要な影響を与えるかどうかを定量的手法により評価する。

2．時価のレベル別分類

(1)　複合金融商品Xの時価のうち，組込オプションの要素についてボラティリティが重要な影響を与えるかどうかではなく，複合金融商品X全体の時価の算定に重要な影響を与えるかどうかを評価する。

(2)　複合金融商品の時価に対する一定割合を時価の算定への影響度の閾値として設定する。

(3)　ボラティリティが変化すると合理的に考えられる範囲を決定する。

(4)　ボラティリティを上記(3)で決定した範囲で変化させた場合の時価の変動率を算定し，感応度分析を行う。

(5)　(4)で算定された各インプットの変化に伴う時価の変動率を上記(1)で設定した閾値と比較する。ボラティリティの変化に伴う時価の変動率が設定した閾値を超える場合，ボラティリティは時価の算定に重要な影響を与えると判断する。

(6) ボラティリティは時価の算定に重要な影響を与えると判断された場合，複合金融商品Xの時価はレベル3に分類される。

5　活発でない市場における観察可能な取引

①　時価の算定における観察可能な取引価格の優先順位

時価算定会計基準に基づく時価の算定は，市場の活動の水準にかかわらず，市場を基礎としたものである。算定日における市場参加者間で行われる秩序ある取引の取引価格は時価である。

観察可能な取引が，秩序ある取引として行われ，取引価格が市場参加者の仮定を反映し，時価の定義に最もよく当てはまる場合，取引価格は関連性のある観察可能なインプットである。時価の算定にあたっては，関連性のある観察可能なインプットを最大限利用し，観察できないインプットの利用を最小限にしなければならない（第4章1 1参照）。

観察できないインプットは，関連性のある観察可能なインプットが入手できない場合に用いる（本章4 1参照）。しかし，市場における取引の数量または頻度が著しく少ないか，または市場が活発でない（継続的に価格情報が提供される程度に十分な数量および頻度で取引が行われていない）場合，観察可能な取引は，秩序ある取引ではない（例えば，強制された清算取引や投売りである）可能性が高くなり，その取引価格は時価の定義に当てはまらないかもしれない。その場合，取引価格または相場価格が時価を表しているかどうかについて評価しなければならない（第3章1 1参照）。状況によっては，以下に述べるように，評価技法を変更するか，複数の評価技法を利用することが適切であることがある。

②　観察可能な取引が秩序ある取引ではない場合

取引が秩序ある取引ではない場合，取引価格は他の入手できるインプットほどには考慮しない（第３章1 2参照）。従来は時価の算定において相場価格を用いていたが，秩序ある取引が行われるという想定に基づく相場価格が利用できなくなった場合には，評価技法を変更するか，複数の評価技法を用いることが考えられる。秩序ある取引ではない取引における取引価格を時価の算定に用いる場合，当該取引価格について，市場参加者が資産または負債のキャッシュ・フローに固有の不確実性に対する対価として求めるリスク・プレミアムに関する調整を行わなければならない（第３章1 2参照）。その結果として算定された時価は，通常，レベル３に分類される。

③　観察可能な取引が秩序ある取引である場合

観察可能な取引が秩序ある取引である場合，時価を算定するにあたり，取引価格を考慮しなければならない。しかし，その考慮する程度は状況により異なる（第３章1 2参照）。時価を算定するにあたり，観察できないインプットを用いた取引価格への重要な調整が必要ないと判断した場合，取引価格は関連性のある観察可能なインプットであり，算定された時価は，レベル２に分類される。しかし，観察できないインプットを用いた取引価格への重要な調整が必要であると判断した場合，当該調整を行って算定された時価は，レベル３に分類される。

④　観察可能な取引が秩序ある取引であるかどうかを判断するために十分な情報を入手できない場合

合理的な努力を行っても，観察可能な取引が秩序ある取引であるかどうかを判断するために十分な情報を入手できない場合も，時価を算定するにあたり，取引価格を考慮しなければならない（第３章1 2参照）。しかし，取引価格は時価を表さない可能性がある。したがって，取引価格が時価を表さない可能性を踏まえたうえで，複数の評価技法を用いることが適切であるかもしれない。このような価格を主要なインプットとして用いる場合，算定された時価はレベル３に分類される可能性が高い。

第7章 時価算定会計基準の設定に伴う金融商品会計基準の改正

1 概　　要

ここでは，時価算定会計基準の設定に伴う金融商品会計基準の改正内容のうち，注記事項以外について述べる。

金融資産および金融負債の時価の定義は，従来，金融商品会計基準第6項に定められていたが，時価算定会計基準の設定に伴い同項が改正され，時価算定会計基準第5項に従い，算定日において市場参加者間で秩序ある取引が行われると想定した場合の，当該取引における資産の売却によって受け取る価格または負債の移転のために支払う価格とされることとなった。

金融商品実務指針では，従来，金融商品会計基準における時価の定義を受けて，金融商品の種類別に至るまでの時価に関する詳細な定めを設けていたが，時価算定会計基準の設定に伴い，第47項に金融商品会計基準第6項に従う旨の記載のみを残し，時価に関する定めは削除されることとなった。

時価算定会計基準は，どのような場合に金融資産，金融負債または払込資本を増加させる金融商品を時価で算定すべきかを定めるものではない（第1章2参照）。しかし，時価算定会計基準の設定に伴い，その他有価証券の決算時の時価として期末前1カ月の市場価格（株式以外については「合理的に算定された価額」を含むため時価を意味する。）の平均に基づいて算定された価額（以下「平均価額」という。）を用いることができる定めおよび「時価を把握することが極めて困難と認められる」金融商品に関する定めは，時価の定義または考え方に適合しなくなったため，改正されることとなった。

2 金融商品会計基準における「市場」

金融商品会計基準第６項の時価の定義中の「市場参加者」の「市場」には脚注（注２）が付され，「市場には，公設の取引所及びこれに類する市場のほか，随時，売買・換金等を行うことができる取引システム等も含まれる。」とされている。これは，改正前の（注２）をそのまま引き継いでいるが，時価算定会計基準において想定される市場には，相対市場も含まれるものと考えられる（第５章2参照）。一方で，金融商品会計基準においては，「市場価格のない株式」（本章5参照）の意味するところから，相対市場は含まないように見受けられる。ただし，いずれにしても，「市場」の有無にかかわらず，市場参加者間で秩序ある取引が行われると想定することになるため，時価の意味するところが変わるものではないと考えられる。

3 その他有価証券の決算時の時価

改正前の金融商品会計基準においては，その他有価証券の決算時の時価として，継続して適用することを条件に，平均価額を用いることができる定めが設けられていた（改正前金融商品会計基準（注７）ただし書き）。この定めが設けられたのは，その他有価証券は直ちに売却することを目的としているものではないことに鑑みると，その他有価証券に付すべき時価に市場における短期的な価格変動を反映させることは必ずしも求められないという考え方によるものである（改正前金融商品会計基準第76項参照）。

この定めは，金融商品会計基準における会計処理上の取扱いに関する定めであるとすれば，時価算定会計基準の設定の影響を受けるものではないと考えられる。しかし，時価に関する定めであるとして取り扱われ，時価算定会計基準における時価の定義を満たさないことから削除されることとなった。

すなわち，時価算定会計基準では，時価を，「算定日において」市場参加者間で秩序ある取引が行われると想定した場合の，当該取引における資産の売却によって受け取る価格または負債の移転のために支払う価格と定義している（第２章④１参照）ことから，平均価額は時価の定義を満たさないということである。

なお，この改正に伴い，外貨建その他有価証券について，決算時の時価として平均価額を用いる場合には，原則として期末前１カ月間の平均為替相場により換算するものとしていた，改正前の外貨建取引等実務指針第11項の定めも削除されている。一方，「外貨建取引等会計処理基準注解」（注８）に，決算時の直物為替相場として，決算日の前後一定期間の直物為替相場に基づいて算出された平均相場を用いることができるという定めがあるが，外貨換算は時価評価と異なる論点であると考えられるため，当該定めは改正の対象とされなかった（時価算定会計基準（案）等に対するコメント「5. 主なコメントの概要とその対応」19）の「コメントへの対応」参照）。

４　その他有価証券の減損判定に用いる価額

その他有価証券のうち，市場価格のない株式等（⑤参照）以外のものについて時価が著しく下落したときは，回復する見込みがあると認められる場合を除き，時価をもって貸借対照表価額とし，評価差額は当期の損失として処理しなければならない（金融商品会計基準第20項）。個々の銘柄の有価証券の時価が取得原価に比べて50％程度以上下落した場合には「著しく下落した」ときに該当する（金融商品会計基準第91項）。

これ以外の場合には，状況に応じ個々の企業において時価が「著しく下落した」と判断するための合理的な基準を設け，当該基準に基づき回復可能性の判定の対象とするかどうかを判断することになるが，個々の銘柄の有価証券の時価の下落率が概ね30%未満の場合には，一般的には「著しく下落した」ときに該当しないものと考えられる（金融商品会計基準第91項）。

上記の取扱いに関し，改正前金融商品会計基準（注７）の削除（本章③参照）に伴い，金融商品実務指針第91項にまた書きが追加され，時価が「著しく下落した」ときを判断するにあたって，平均価額を用いることを妨げないものとされた。平均価額の算定における期末前１カ月の市場価格の平均とは，原則として期末日以前１カ月の各日の終値（終値がなければ気配値）の単純平均値とされている（金融商品実務指針第91項）。当該方法は，毎期継続して適用することが要件とされているが，株式，債券等の有価証券の種類ごとに適用することができる（金融商品実務指針第91項）。

この金融商品実務指針の改正について，結論の背景には，「2019年の金融商品会計基準の改正は時価の算定方法を変更するものであり，減損を行うか否かの判断基準を変更するものではないため，減損の判断が合理的な範囲で幅のある定めとなっていることを踏まえて，減損処理における時価の下落率の判断にあたっては，期末前１か月の市場価格の平均に基づいて算定された価額を用いることができる取扱いを踏襲するものとした」（金融商品実務指針第284項）と記載されている。

しかし，改正前金融商品会計基準（注７）ただし書きを適用している企業が，その他有価証券の減損処理における時価の下落率の判断においても平均価額を用いることができるという取扱いは，2000年１月31日付けの金融商品実務指針公表後，2000年９月14日付けで公表された金融商品Ｑ＆Ａにおいて明らかにされたものである。その他有価証券と同様に直ちに売却することを目的としているものでない（本章③参照）というだけでなく，より長期的に保有することを意図していると考えられる子会社株式および関連会社株式の時価の下落率の判断において同様の取扱いは認められていないことから，金融商品Ｑ＆Ａを公表するにあたり，その他有価証券についてのみ例外的に改正前金融商品会計基準（注７）ただし書きを適用していることを条件として容認したものであるようにも思われる。

仮に，その考え方によったとすれば，改正前金融商品会計基準（注７）ただし書きの削除に伴い，時価が「著しく下落した」ときを判断するにあたって，平均価額を用いることもなくなることになる。

時価算定会計基準の設定に伴う金融商品実務指針第91項の改正は，表面的には，その他有価証券の減損判定に用いる価額について，選択可能な方法が新たに定められたようにも見える。

しかし，実質的には，改正前金融商品会計基準（注７）ただし書きを適用し，かつ，減損処理における時価の下落率の判断においても平均価額を用いることとしていた企業が，減損判定には，継続して平均価額を用いることを可能にしたに過ぎないと考えられる。

改正前の金融商品会計基準の適用において，その他有価証券の決算時の時価を，原則である期末日の市場価格に基づいて算定された価額から例外である平均価額に変更することは，通常，正当なものとは認められていないと考えられる。この点に鑑みると，改正前の金融商品会計基準の適用において，減損処理における時価の下落率の判断に平均価額を用いることとしていない企業が，改正後の金融商品会計基準の適用においては，時価が「著しく下落した」ときを判断するにあたって，平均価額を用いることを選択することは，適切でないと考えられる。

5　時価を把握することが困難な場合の取扱い

改正前の金融商品会計基準および金融商品実務指針においては，「時価を把握することが極めて困難と認められる有価証券」（改正前金融商品会計基準第19項等）をはじめとして，「時価を把握することが極めて困難と認められる」金融商品については，当初認識時（金融商品実務指針第29項参照）を除き，会計処理においても開示においても時価の算定が要求されていなかったが，時価算定会計基準の設定に伴い，これらの記載が削除されることになった。

時価算定会計基準においては，たとえ観察可能なインプットを入手できない場合であっても，入手できる最良の情報に基づく観察できないインプットに基づき時価を算定することとしているため，時価を把握することが極めて困難と認められる金融商品は想定されないからである[1]（金融商品会計基準第81-２項参照）。

ただし，市場において取引されていない株式（以下「市場価格のない株式」という。）および，同じく市場において取引されていない出資金など株式と同様に持分の請求権を生じさせる金融資産（以下，合わせて「市場価格のない株式等」という。）は，たとえ何らかの方式により価額の算定が可能としても，それを時価とはしないとする従来の考え方を踏襲している（金融商品会計基準第81-２項）。

すなわち，市場価格のない株式等は，取得原価をもって貸借対照表価額とし（金融商品会計基準第19項），その発行会社（出資先）の財政状態の悪化により実質価額（第１章③６③参照）が著しく低下したときは，相当の減額をなし，評価差額は当期の損失として処理し（金融商品会計基準第21項），実質価額を翌期首の取得原価とする（金融商品会計基準第22項）。

一方，改正前の金融商品会計基準および金融商品実務指針において，時価を把握することが極めて困難と認められる金融商品とされていたデリバティブおよびその他有価証券のうち改正後における「市場価格のない株式等」以外のものについては，時価をもって貸借対照表価額とすることになる。

しかし，改正前においても，債券等については，時価を把握することが極めて困難と認められる場合は限定的であると考えられていた（改正前金融商品実

1　金融商品実務指針第74項，第91項，第276項，第284項および第300項には，「時価のある」という表現が残っている。改正前金融商品会計基準においても時価のない金融商品は想定されていなかったが，金融商品実務指針第63項に，「なお，本報告において「時価のある」とは，第47項の時価の定義における「市場価格に基づく価額」又は「合理的に算定された価額」のあるものをいい，金融商品会計基準第20項にいう「時価を把握することが極めて困難と認められる金融商品以外のもの」と同義で使用している。」と記載されていた。時価算定会計基準の設定に伴い，金融商品実務指針第63項は削除されたが，上記各項の「時価のある」の削除が漏れたものと考えられる。

務指針第259項参照)。また，先渡取引やオプション取引と呼ばれる取引であっても，契約条項に金融資産または現物商品を受け渡すことが定められている場合，当該金融資産または現物商品に活発な市場があり，当該市場から購入または売却することにより引渡人および受取人を純額決済と実質的に異ならない状態に置くものでなければ，デリバティブに該当しない（金融商品実務指針第６項および第218項参照)。したがって，当該改正の影響は，極めて限定的と考えられる。

ただし，時価算定会計基準等の公開草案に対する「非公開会社が発行する新株予約権や転換社債型新株予約権付社債などの市場価格のない株式等が時価の算定におけるインプットとなる金融商品が市場価格のない株式等に含まれるのか明確にする必要がある。」というコメントに対して，ASBJは，「金融商品会計基準第19項における定義により，市場価格のない株式等は，株式又は出資金などに限定され，たとえ，市場価格のない株式等が時価の算定におけるインプットとなる金融商品であっても，デリバティブの特徴を有するものや債券等が市場価格のない株式等に含まれることはない」(時価算定会計基準（案）等に対するコメント「5. 主なコメントの概要とその対応」42）の「コメントへの対応」）としている点に留意する必要がある。

新株予約権は，取得者側においてデリバティブではなく有価証券として取り扱われ（適用指針第17号第７項参照)，その他有価証券の場合には，新株予約権の権利を行使し，発行者の株式を取得したときに消滅を認識して帳簿価額と時価との差額を当期の損益として処理するのではなく，帳簿価額で株式に振り替える（適用指針第17号第８項)。転換社債型新株予約権付社債は，取得者側において，社債の対価部分と新株予約権の対価部分に区分せず，普通社債の取得に準じて処理し，権利を行使したときに消滅を認識して帳簿価額と時価との差額を当期の損益として処理するのではなく，株式に振り替えるだけである（適用指針第17号第20項)。したがって，権利を行使するという条件付きではあるが「持分の請求権を生じさせるもの」であるとも考えられる。しかし，ASBJによる公開草案に対するコメントへの対応に鑑みると，「株式と同様に持分の請求権を生じさせるもの」には該当せず，権利行使により発行される株式が市場において取引されていないものであっても，新株予約権および転換社債型新株予約権付社債は，「市場価格のない株式等」には含まれないと考えられる。

6 発生の認識時に時価を合理的に測定できない場合の取扱い

時価算定会計基準の考え方によれば，時価を把握することが極めて困難と認められる場合と同様に，発生の認識時に時価を合理的に測定できない場合も想定されないことになる。

金融資産の消滅に伴って新たな金融資産または金融負債が発生した場合には，当該金融資産または金融負債は時価により計上する（金融商品会計基準第13項）。

しかし，改正前は，金融資産の消滅を伴う譲渡取引時に残存部分または新たに生じた資産（デリバティブ）について時価を合理的に測定できない場合，その時価はゼロとして譲渡損益を計算し，その当初計上額もゼロとするものとされていた（改正前金融商品実務指針第38項）。また，金融資産の消滅を伴う譲渡取引時に新たに生じた負債について時価を合理的に測定できない場合，その当初計上額は，当該譲渡取引時に利益が生じないように計算した金額とするものとされていた（改正前金融商品実務指針第38項）。改正前金融商品実務指針のこれらの記載は，時価算定会計基準の設定に伴い，削除されることとなった。

金融負債の消滅に伴って新たな金融負債が発生した場合にも，当該金融負債は時価により計上する（金融商品会計基準第13項）。例えば，債務の第三者引受に際し当該第三者が倒産等に陥ったときに原債務者が負うこととなる二次的な責任である単純保証について，原債務者は，第三者による債務引受時に当該二次的責任を新たな金融負債として時価により認識する（金融商品実務指針第45項）。

改正前は，その際，二次的責任の時価を合理的に測定できない場合，当該時価は，当該取引から利益が生じないように計算した金額またはゼロとすることとされていたが，時価算定会計基準の設定に伴い，当該記載は削除されることとなった。

債務者が財務的に困難な場合に行われるデット・エクイティ・スワップにおいて，債権者は，取得する債務者発行株式を，取得時の時価で計上し，消滅した債権の帳簿価額との差額を当期の損益として処理する（実務対応報告第6号「デット・エクイティ・スワップの実行時における債権者側の会計処理に関する実務上の取扱い」（以下「実務対応報告第6号」という。）2．(2)参照)。

改正前は，その際，債務者発行株式の時価を合理的に測定できない場合には，その時価はゼロとして譲渡損益を計算し，その当初計上額もゼロとすることとなると考えられるとされていたが，時価算定会計基準の設定に伴い，当該記載は削除されることとなった。

しかし，債務者発行株式の時価は消滅した債権に関する直前の決算期末の帳簿価額を上回らないと想定されるという記載（実務対応報告第6号2．(3)）および債権切捨てと実質的に同様の効果となる場合（例えば，債権放棄の代わりに債権者がデット・エクイティ・スワップに応じる場合）には，取得する債務者の発行した株式の時価はゼロに近くなると考えられるという記載（実務対応報告第6号2．(3)）は改正されていない。

時価算定会計基準の設定に伴う改正前は，債権放棄額や増資額などの金融支援額の十分性，債務者の再建計画等の実行可能性，株式の条件等を適切に考慮したうえで，債務者発行株式の時価を算定した場合であっても，上記のような記載から，債務者発行株式の時価を，保守的に，消滅した債権に関する直前の決算期末の帳簿価額またはゼロにする実務もあったと考えられる。

しかし，時価算定会計基準に従えば，市場参加者が考慮する要因を適切に考慮したうえで算定された価額が時価となるため，上記の記載は変わらないとしても，単に保守的な会計処理を行うための根拠とするのではなく，債務者発行株式の時価の算定に用いる評価技法を補正する必要があるかどうかの判断において考慮することになると考えられる。

第8章 金融商品の時価等の開示

1 概　要

1　金融商品会計基準に定められている注記事項

金融商品会計基準では，金融商品に係る以下の事項について注記することが求められている。ただし，重要性が乏しいものは注記を省略することができ，連結財務諸表において注記している場合には，個別財務諸表において記載することを要しない（金融商品会計基準第40-2項)。

(1)　金融商品の状況に関する事項
　①　金融商品に対する取組方針
　②　金融商品の内容およびそのリスク
　③　金融商品に係るリスク管理体制
　④　金融商品の時価等に関する事項についての補足説明
(2)　金融商品の時価等に関する事項
(3)　金融商品の時価のレベルごとの内訳等に関する事項

市場価格のない株式等（第7章5参照）については時価を注記せず，当該金融商品の概要および貸借対照表計上額を注記する（金融商品会計基準第40-2項(2)および金融商品時価等開示適用指針第5項)。

金融商品会計基準第40-2項は，当初，2008年3月10日付けで公表された金融商品会計基準の改正によって設けられたものであり，これを適用する際の指針は，同時に公表された金融商品時価等開示適用指針に定められている。

2　2008年の金融商品会計基準改正までの金融商品の時価等の開示制度

我が国では，1980年代頃から，金利・通貨スワップ取引，特定金銭信託等，多様な金融商品取引が活発に行われるようになり，また，金融の自由化，国際化，証券化の進展等を背景として，金融・資本市場が急速に拡大し，特に企業の投資機会の増大，相場変動リスクへの対応等の観点から証券・金融先物取引および同オプション取引制度が次々と導入されてきた。このような状況を背景に，企業会計審議会第一部会は，1990年5月29日付けで「先物・オプション取引等の会計基準に関する意見書等について」を公表し，証券取引所に上場されている有価証券およびこれに準ずる有価証券（市場性ある有価証券）ならびに取引所に上場されている証券・金融先物および同オプション取引に係る時価情報の開示を求めた。証券取引法（現 金融商品取引法）に基づく開示制度上は，1990年12月に「企業内容等の開示に関する大蔵省令」（現「企業内容等の開示に関する内閣府令」）が改正され，1991年3月1日以後終了する事業年度から，有価証券報告書等に時価情報（有価証券等の時価情報）を開示することとされた。さらに，1994年4月1日以後開始する事業年度からは，為替予約の先物予約相場による円貨額および期末の為替相場による円貨額（先物為替予約の状況）についても開示することとされた。

その後，平成8年（1996年）7月3日大蔵省令第40号「財務諸表等の用語，様式及び作成方法に関する規則等の一部を改正する省令」（以下「平成8年大蔵省令第40号」という。）により1996年7月3日付で「財務諸表等の用語，様式及び作成方法に関する規則」（以下「財務諸表等規則」という。）等が改正され，1997年3月1日以後終了する事業年度から，有価証券報告書等に含まれる財務諸表等に，有価証券の時価等に関する注記およびデリバティブ取引に関する注記が求められることとなった。このときに以下の開示の拡大が行われた（ただし，1998年3月1日前に終了する事業年度は(1)について免除規定があった。)。

> (1) 時価等の開示対象となるデリバティブ取引に相対取引（非上場オプション取引，先渡取引およびスワップ取引）が含まれることとなった（為替予約については，先物予約相場による円貨額および期末の為替相場による円貨額に代わり時価を開示することとなった。)。
> (2) デリバティブ取引について，取引の内容，取引に対する取組方針，取引の利用目的，取引に係るリスクの内容，取引に係るリスク管理体制などの取引の状況に関する事項（定性的情報）の開示が要求されることとなった。

1999年１月22日付けで，企業会計審議会から金融商品会計基準が公表されたが，金融商品の時価等に関する注記事項は定められていなかった。なお，金融商品会計基準において，ヘッジ会計に係る取扱いが明確化され，また，原則として，デリバティブ取引は時価評価されることとなったため，財務諸表等規則等が改正され，ヘッジ会計が適用されているものはデリバティブ取引の時価等に関する事項を除くことができるものとされた。

3　2008年の金融商品会計基準改正および金融商品時価等開示適用指針の公表

2008年３月10日付で公表された改正金融商品会計基準および金融商品時価等開示適用指針により，金融商品の状況に関する事項および金融商品の時価等に関する事項の注記が求められることとなった。これは，証券化の拡大や金融商品の多様化等，金融取引をめぐる環境が変化する中で，以下のような意見および国際的な会計基準の動向を踏まえて行われたものである（金融商品会計基準第120項参照)。

> - 金融商品の時価を開示することは，投資者に対して有用な財務情報を提供することになる。
> - 金融商品の状況やリスク管理体制は企業によって異なるものの，企業が現に有する金融商品に係るリスクの測定状況等の情報があれば，当該情報の開示を促すことに加え，会計基準等によって企業の側において金融商品のリスク管理等を一層徹底するインセンティブを高めるためにも金融商品の時価等を開示することに意

義がある。
- 国際的な会計基準では，金融商品に係る時価やリスクに関して広く開示が求められている。

2008年の金融商品会計基準改正までに財務諸表等規則等により求められていた開示要求事項からの主な変更点は，以下のとおりである。

- デリバティブ取引について開示が求められていた定性的情報の対象が金融商品全般に広がった。
- 総資産および総負債の大部分を占める金融資産および金融負債の双方が事業目的に照らして重要であり，主要な市場リスクに係るリスク変数（金利や為替，株価等）の変動に対する当該金融資産および金融負債の感応度が重要な企業は，市場リスクに関する定量的分析に関する情報を開示することとなった。
- 時価等の開示対象が金融商品全体に広がった。
- 注記から除くことができることとされていたヘッジ会計が適用されているデリバティブ取引の時価等についても，ヘッジ会計が適用されていないものと分けて開示することとなった。
- 金銭債権および満期がある有価証券（売買目的有価証券を除く。）の償還予定額ならびに有利子負債の返済予定額に関する情報を開示することとなった。

4　時価算定会計基準の設定に伴う金融商品会計基準および金融商品時価等開示適用指針の改正

時価算定会計基準は，日本基準を国際的に整合性のあるものとするために設定されたものである（第1章1 **1**参照）。時価に関する開示についても，国際的な会計基準において定められている開示の多くは日本基準で定められていないことなどから，特に金融商品を多数保有する金融機関において国際的な比較可能性が損なわれているのではないかとの意見が聞かれていた。時価算定会計基準の設定に伴う金融商品会計基準および金融商品時価等開示適用指針の改正（以下「2019年改正」という。）の主要な点は，国際的な会計基準における時価に関する開示と整合的な開示を金融商品の時価のレベル（第6章1 **2**参照）ごとの内訳等に関する事項として追加し，その指針を定めたことである（金融商品会計基準第120-2項ならびに金融商品時価等開示適用指針第9-3項および第39-２項参照)。

2 金融商品時価等開示適用指針の適用範囲

原則として，金融商品会計基準等（金融商品会計基準のほか，金融商品実務指針や金融商品時価等開示適用指針以外の適用指針を含む。）が適用されるすべての金融商品について適用する（金融商品時価等開示適用指針第２項)。

保険契約および退職給付債務は，金融商品会計基準の対象外である（金融商品実務指針第13項および第14項）ため，金融商品時価等開示適用指針の対象外である（金融商品時価等開示適用指針第２項参照)。現金のみを対価として受け取り，付与される新株予約権の発行者側の会計処理は，適用指針第17号で取り扱われているが，純資産の部に計上されることとなるものについては，金融商品時価等開示適用指針は適用されない（金融商品時価等開示適用指針第２項参照)。

借入金などの金銭債務については，特に当該金銭債務を負っている企業自身の信用リスクが増加した場合にその時価が減少するため，時価情報の注記は投資者にとって有用な情報を提供することにはならないのではないかという見方もあったが，以下の理由により，範囲に含められている（金融商品時価等開示適用指針第11項参照)。

- 金銭債務の時価を注記することは当該時価を財務諸表に反映することとは異なる。
- 企業の資金調達活動の一端を外部に示すこととなるため意義がある。
- 国際的な会計基準では開示対象としている。

なお，非金融商品の時価については，以下のようなことから，金融商品と同様の時価等の開示の対象となっていないが，その注記を妨げるものではないとされている（金融商品時価等開示適用指針第12項参照)。

- 金融商品以上に客観的な時価の算定を行うことが困難な場合が多い。

・通常，市場の平均である時価を超える成果を期待して事業に使われている。

ただし，時価算定会計基準の適用対象ではない賃貸等不動産（第１章③５参照）については，以下の事項を注記することが求められている（企業会計基準第20号「賃貸等不動産の時価等の開示に関する会計基準」第８項）。

(1)　賃貸等不動産の概要
(2)　賃貸等不動産の貸借対照表計上額および期中における主な変動
(3)　賃貸等不動産の当期末における時価およびその算定方法
(4)　賃貸等不動産に関する損益

3　金融商品の時価等に関する事項

1　概　　要

「金融商品の時価等に関する事項」（本章①１参照）として注記する事項は，以下の(1)から(6)に分けられる。ただし，重要性が乏しいものは注記を省略することができ，連結財務諸表において注記している場合には，個別財務諸表において記載することを要しない（金融商品時価等開示適用指針第４項柱書）。企業は，注記の対象となる金融商品について，貸借対照表日現在の残高のほか，時価の見積りの不確実性の大きさを勘案したうえで，当期純利益，総資産および金融商品の残高等に照らして，注記の必要性を判断することになるものと考えられるとされている（金融商品時価等開示適用指針第39-４項）。

(1)　金融商品の貸借対照表の科目ごとの時価
(2)　有価証券に関する詳細注記
(3)　デリバティブ取引に関する詳細注記
(4)　金銭債権および満期がある有価証券の償還予定額
(5)　社債，長期借入金，リース債務およびその他の有利子負債の返済予定額
(6)　金銭債務に関する任意の追加的注記

なお，市場価格のない株式等（第７章5参照）については，時価を注記せず，当該金融商品の概要および貸借対照表計上額を注記する（本章1 1参照）。

金融商品時価等開示適用指針には，その内容について理解を深めるために，参考として開示例が示されている。ただし，記載内容については，各企業はその実情に即して適切に注記する必要があるとされている。また，注記事項のうち，関連する内容等が他の箇所で開示されている場合には，その旨の記載をもって代えることができるとされている（金融商品時価等開示適用指針参考（開示例）序文）。

2　金融商品の貸借対照表の科目ごとの時価に関する注記

①　共通事項

原則として，金融商品に関する貸借対照表の科目ごとに，貸借対照表計上額，貸借対照表日における時価およびその差額を注記する（金融商品時価等開示適用指針第４項(1)）。貸借対照表の科目ごととしているのは，明瞭性を高めることのほか，重要性を加味したものであるが，貸借対照表上，「その他」に含められている項目の開示を妨げるものではないとされている（金融商品時価等開示適用指針第20項）。

注記する時価は，金融商品会計基準等に定める時価（すなわち，時価算定会計基準において定義されている時価）に基づいて算定し，委託手数料等取引に付随して発生する費用は含めない（金融商品時価等開示適用指針第４項(1)）。

現金および短期間で決済されるため時価が帳簿価額に近似するものについては，注記を省略することができる（金融商品時価等開示適用指針第４項(1)）。2019年改正前は，この定めがなく，時価の算定方法の注記も求められていたため，短期間で決済されるため時価が帳簿価額に近似するものについても注記したうえで，時価の算定方法として，短期間で決済されるため時価が帳簿価額に近似することから帳簿価額によっている旨を注記しなければならなかったが，その必要はなくなる。なお，時価の算定方法の注記に代わり，新設された「金融商品の時価のレベルごとの内訳等に関する事項」において，時価の算定に用いた評価技法およびインプットの注記が求められている（本章4 3参照）。

② 有価証券およびデリバティブ取引

有価証券およびデリバティブ取引については，当該有価証券またはデリバティブ取引により生じる正味の債権または債務等の内容を示す名称を付した科目をもって貸借対照表上に掲記していない場合でも注記する。また，貸借対照表上の掲記にかかわらず，有価証券については，流動資産における項目と固定資産における項目とを合算して注記することができ，デリバティブ取引については，資産項目と負債項目とを合算して注記することができる（金融商品時価等開示適用指針第４項(1)なお書き）。

③ 契約資産

2020年３月31日付で，企業会計基準第29号「収益認識に関する会計基準」（以下「収益認識会計基準」という。）が改正され，同時に，金融商品時価等開示適用指針に契約資産[1]に関する取扱いが追加された。収益認識会計基準における契約資産の会計処理については，収益認識会計基準に定めがない場合，金融商品会計基準における債権の取扱いに準じて処理することになる（収益認識会計基準第77項）が，収益認識会計基準の改正により，契約資産を金銭債権として取り扱う定めが削除されたため，金融資産として時価等に関する事項を注記する必要はないと考えられるとされている（金融商品時価等開示適用指針第20-２項参照）。しかし，貸借対照表において契約資産を顧客との契約から生じた債権等の金融資産と区分して表示していないこともある（収益認識会計基準第79項なお書き参照）。その場合，当該貸借対照表の科目について，貸借対照表計上額，貸借対照表日における時価およびその差額を注記する。ただし，当該貸借対照表の科目のうち，契約資産を除く顧客との契約から生じた債権等の

1　企業が顧客に移転した財またはサービスと交換に受け取る対価に対する企業の権利（ただし，顧客との契約から生じた債権を除く。）をいう（収益認識会計基準第10項）。

金融資産について，貸借対照表計上額，貸借対照表日における時価およびその差額を注記することも妨げないものとされている（金融商品時価等開示適用指針第4項(1)また書き）。

④　子会社株式および関連会社株式

個別財務諸表における子会社株式および関連会社株式については，個別財務諸表上，子会社株式と関連会社株式にそれぞれ区別して注記する（金融商品時価等開示適用指針第4項(1)）。

⑤　当座貸越契約および貸出コミットメントならびに債務保証契約

当座貸越契約（これに準ずる契約を含む。以下同じ。）および貸出コミットメントは，金融商品会計基準等の対象であり，貸手である金融機関等は，その旨および極度額または貸出コミットメントの額から借手の実行残高を差し引いた額を注記することとされ，借手は，その旨および借入枠から実行残高を差し引いた額を注記することが望ましいとされている（金融商品実務指針第19項，第139項および第311-2項）。債務保証契約（信用状による与信を含む。以下同じ。）も，金融商品会計基準等の対象であり，保証人は，保証先ごとに総額で注記することとされている（金融商品実務指針第15項および第137項ならびに監査・保証実務委員会実務指針第61号「債務保証及び保証類似行為の会計処理及び表示に関する監査上の取扱い」3．(1))。

金融商品時価等開示適用指針では，原則として，貸借対照表の科目ごとに時価の開示を行うこととされている（①参照）が，当座貸越契約および貸出コミットメントは，貸借対照表に計上されていない場合であっても，注記額が資産の総額に対して重要な割合を占め，かつ，契約で示された固定利率で実行される際の時価に重要性がある場合には，その時価を注記することが適当であるとされている（金融商品時価等開示適用指針第22項)。債務保証契約も同様に，貸借対照表に計上されていない場合であっても，その注記額が資産の総額に対して重要な割合を占め，かつ，その時価に重要性がある場合には，その時価を注記することが適当であるとされている(金融商品時価等開示適用指針第23項)。

⑥ リース債権，リース債務およびリース投資資産

ファイナンス・リース取引により認識されたリース債権またはリース債務は，金融資産または金融負債であり（金融商品実務指針第18項)，時価開示の対象となる（金融商品時価等開示適用指針第24項)。また，リース投資資産のうち将来のリース料を収受する権利に係る部分は，金融商品的な性格を有すると考えられ（企業会計基準第13号「リース取引に関する会計基準」(以下「リース会計基準」という。）第41項)，金融資産として時価開示の対象とすることが適当と考えられる（金融商品時価等開示適用指針第24項)。

ただし，ファイナンス・リース取引の借手においてリース資産総額に重要性が乏しいと認められる場合（リース適用指針第31項から第33項参照)，および，貸手としてのリース取引に重要性が乏しいと認められる場合（リース適用指針第59項および第60項参照）には，貸借対照表上，当該資産または負債を示す名称を付した科目をもって掲記していても，金融商品会計基準等の適用にあたり重要性が乏しいと認め，時価等に関する事項の注記をしないことができる（金融商品時価等開示適用指針第24項ただし書き)。

金融商品時価等開示適用指針第24項なお書きでは，個々のリース資産に重要性が乏しいと認められる場合において通常の賃貸借取引に係る方法に準じて会計処理を行っている場合（リース適用指針第34項および第35項ならびに第45項および第46項参照）には，金融商品時価等開示適用指針の対象外となるとされている。

しかし，通常の賃貸借取引に係る金銭債権債務は金融商品時価等開示適用指針の対象となるため，正確にいえば，当該債権債務をその内容を示す名称を付した科目をもって貸借対照表上に掲記していない場合，または，短期間で決済されるため時価が帳簿価額に近似する場合には注記を要しないということであると考えられる。

この点は，金融商品時価等開示適用指針第25項なお書きで金融商品時価等開

示適用指針の対象外となるとされている，リース取引開始日が会計基準適用初年度開始前のリース取引で，リース会計基準に基づき所有権移転外ファイナンス・リース取引と判定されたものについても同様である。

リース取引開始日がリース会計基準適用初年度開始前の所有権移転外ファイナンス・リース取引の借手において，リース会計基準適用初年度の前年度末における未経過リース料残高をリース債務に計上している場合（リース適用指針第78項参照），リース債務の貸借対照表計上額には利息相当額が含まれているため，貸借対照表計上額と貸借対照表日における時価との間に重要な差額があるときには，その旨を示すことが適当であると考えられる。同様に，リース取引開始日がリース会計基準適用初年度開始前の所有権移転外ファイナンス・リース取引の貸手において，リース会計基準適用初年度の前年度末における固定資産の適正な帳簿価額（減価償却累計額控除後）をリース投資資産の期首の価額として計上している場合（リース適用指針第81項参照），リース投資資産の貸借対照表計上額は元本回収予定額と異なるため，貸借対照表日において，その時価との間に重要な差額があるときには，その旨を示すことが適当であると考えられる（金融商品時価等開示適用指針第25項）。

なお，IFRS第13号では，その測定および開示の要求事項は，IFRS第16号「リース」（以下「IFRS第16号」という。）に従って会計処理されるリース取引には適用されないとされている（IFRS第13号第6項）。時価算定会計基準は，日本基準を国際的に整合性のあるものとするために設定されたものである（本章1 4参照）にもかかわらず，時価等の開示範囲にIFRSとの相違が生じることについて，ASBJは，日本基準においては，これまでファイナンス・リース取引により認識されたリース債権等について時価の開示が求められており，定着しているため，リース債権等を時価開示の対象としても特段の支障はないものと考えられると述べている（時価算定会計基準（案）等に対するコメント「5. 主なコメントの概要とその対応」9）の「コメントへの対応」参照）。ただし，IASBがIFRS第13号の要求事項をリース取引に適用しないこととしたのは，これを適用すると，リースの分類やセール・アンド・リースバック取引に係る利得または損失の認識時期を大きく変更することとなる可能性があると判断したためであり（IFRS第13号BC22項）[2]，金融商品であるリース債権等の時価開示に支障があると判断したためではない。

3　有価証券に関する詳細注記

有価証券については，貸借対照表計上額，貸借対照表日における時価およびその差額（**2**①および②参照）に加えて，以下の事項を注記する（金融商品時価等開示適用指針第4項(2)）。

(1)　売買目的有価証券
　当期の損益に含まれた評価差額
(2)　満期保有目的の債券
　①　当該債券を，貸借対照表日における時価が貸借対照表日における貸借対照表計上額を超えるものおよび当該時価が当該貸借対照表計上額を超えないものに区分し，当該区分ごとの当該貸借対照表計上額，当該時価およびその差額
　　この注記にあたっては，債券の種類ごとに区分して記載することができる。
　②　当期中に売却したものがある場合には，債券の種類ごとの売却原価，売却額，売却損益および売却の理由
(3)　その他有価証券

2　IFRS第16号では，リース取引の貸手は，各リース取引をオペレーティング・リースまたはファイナンス・リースのいずれかに分類することが要求されている（IFRS第16号第61項）。その際，単独でまたは組み合わせにより通常はファイナンス・リースに分類されることとなる状況の例として，借手が，オプションが行使可能となる日の公正価値よりも十分に低いと予想される価格でリース対象資産を購入するオプションを有していることにより，当該オプションが行使されることが契約日において合理的に確実であることが挙げられている（IFRS第16号第63項(b)）。IFRS第13号は，一部の例外を除き，金融商品以外にも適用される（第1章③1参照）が，IFRS第16号第63項(b)における公正価値は，IFRS第16号で独自に「独立第三者間取引において，取引の知識がある自発的な当事者の間で，資産が交換され得るかまたは負債が決済され得る金額」と定義されている（IFRS第16号付録A）。日本基準でも，リース適用指針には，ファイナンス・リース取引が所有権移転ファイナンス・リース取引に該当する場合の1つとして，「リース契約上，借手に対して，リース期間終了後又はリース期間の中途で，名目的価額又はその行使時点のリース物件の価額に比して著しく有利な価額で買い取る権利（中略）が与えられており，その行使が確実に予想されるリース取引」が挙げられている（リース適用指針第10項(2)）が，「その行使時点のリース物件の価額」が時価であるかどうかは明らかではない。

以下の注記にあたっては，有価証券の種類（株式および債券等）ごとに区分して記載する。

① 当該有価証券を，貸借対照表日における貸借対照表計上額が取得原価または償却原価を超えるものおよび当該貸借対照表計上額が取得原価または償却原価を超えないものに区分し，当該区分ごとの取得原価または償却原価，当該貸借対照表計上額およびその差額

② 当期中に売却したものがある場合には，売却額，売却益の合計額および売却損の合計額

債券については，種類ごとに区分して記載することができる。

(4) 当期中に売買目的有価証券，満期保有目的の債券，子会社株式および関連会社株式ならびにその他有価証券の保有目的を変更した場合

その旨，変更の理由（満期保有目的の債券の保有目的を変更した場合に限る。）および当該変更が財務諸表に与えている影響の内容

(5) 当期中に有価証券の減損処理を行った場合

減損処理を行った旨および減損処理額

4　デリバティブ取引に関する詳細注記

デリバティブ取引については，貸借対照表計上額，貸借対照表日における時価およびその差額（**2**①および②参照）に加えて，取引の対象物の種類（通貨，金利，株式，債券および商品等）ごとに，以下の事項を注記する（金融商品時価等開示適用指針第4項(3)）。

(1) ヘッジ会計が適用されていないもの

① 貸借対照表日における契約額または契約において定められた元本相当額

② 貸借対照表日における時価

③ 貸借対照表日における評価損益

上記の注記にあたっては，デリバティブ取引の種類（先物取引，オプション取引，先渡取引およびスワップ取引等）による区分，市場取引とそれ以外の取引の区分，買付約定に係るものと売付約定に係るものの区分，貸借対照表日から取引の決済日または契約の終了時までの期間による区分等の区分により，デリバティブ取引の状況が明瞭に示されるように記載する。

(2) ヘッジ会計が適用されているもの

① 貸借対照表日における契約額または契約において定められた元本相当額

この注記にあたり，金利スワップの特例処理（金融商品会計基準（注14）参

照）および為替予約等の振当処理（外貨建取引等会計処理基準注解（注７）参照。ただし，予定取引をヘッジ対象としている場合を除く。）については，ヘッジ対象と一体として，当該ヘッジ対象の時価に含めて注記することができる。

②　貸借対照表日における時価

上記の注記にあたっては，ヘッジ会計の方法，デリバティブ取引の種類，ヘッジ対象の内容等の区分により，ヘッジ会計の状況が明瞭に示されるように記載する。

なお，同じ内容が開示されるのであれば，上記の(1)と(2)を区分せず，デリバティブ取引全体を一括して示した上で，ヘッジ会計が適用されているデリバティブ取引に関してヘッジ会計の状況を明瞭に示すことも可能と考えられるとされている（金融商品時価等開示適用指針第35項）。

先物取引，オプション取引，先渡取引については，上記(1)①の「貸借対照表日における契約額または契約において定められた元本相当額」として，契約額を記載するものと考えられる。これは，平成８年大蔵省令第40号により財務諸表等にデリバティブ取引に関する注記が求められることになった際，同時に発出された平成８年（1996年）７月３日蔵証第1138号「財務諸表等の用語，様式及び作成方法に関する規則取扱要領の一部改正について」の様式第12号（記載上の注意）６において，「契約額等」の欄に，先物取引，オプション取引，先渡取引については契約額を記載することとされていたからである。

また，先物取引については，契約額を，差金の算定の際に用いる「呼値の単位当たりの値動き×約定価格×建玉数量」により計算するものと考えられる。これは，上記省令が公布されたことに伴い削除された，平成４年（1992年）４月20日蔵証第1002号「企業内容等の開示に関する取扱通達」BⅡ「市場性ある有価証券及び先物・オプション取引等の時価情報の開示に関する取扱通達」に，金利先物取引または通貨先物取引に係る未決済の契約の約定金額の計算方法として記載されていたからである。ただし，金融商品時価等開示適用指針には明記されていないことから，注記の方針として首尾一貫して継続適用する限り，これ以外の方法も認められると考えられる。

上記(1)の注記は，買付約定に係るものと売付約定に係るものの区分が求められている。為替予約についても，金融商品時価等開示適用指針参考（開示例）では，売建・買建の別に記載する例が示されているが，通貨同士の交換であるため，通貨の組み合わせごとに，どちらを売買の対象になる通貨とするか定める必要がある（あるいは，むしろ，売建・買建の別ではなく，通貨の組み合わせ別に区分すべきかもしれない。）。

また，為替リスクを管理するための基軸となる通貨（以下「管理通貨」という。）は，企業または企業集団を構成する事業単位ごとに異なる場合がある。その観点からは，管理通貨を基準として，管理通貨以外の買予約（管理通貨の売予約）を買建，管理通貨以外の売予約（管理通貨の買予約）を売建として集計することも考えられる。

この場合，管理通貨が介在しない通貨の組み合わせによる為替予約については，売建と買建に区分しないことも考えられる。金融商品時価等開示適用指針には具体的な方法が示されていないことから，注記の方針として首尾一貫して継続適用する限り，いずれの方法も認められると考えられる。

5　金銭債権および満期がある有価証券の償還予定額

金銭債権および満期がある有価証券（ただし，売買目的有価証券を除く。）については，償還予定額の合計額を一定の期間に区分した金額を注記する。なお，有価証券および投資有価証券については，その他有価証券および満期保有目的の債券の別に，それぞれ有価証券の種類ごと（株式および債券等をいい，債券である場合には債券の種類ごと）に注記する（金融商品時価等開示適用指針第４項⑷）。

この注記は，金銭債権および償還期限のある有価証券から得られるキャッシュ・フローをある程度予測できるようにすることを目的とするものである（金融商品時価等開示適用指針第36項参照）。

なお，破産更生債権等（金融商品会計基準第27項⑶参照）など，償還予定額が見込めず，上記区分に含めていない場合は，その旨および金額を別途開示することが適当と考えられる。また，トレーディング目的で保有する金銭債権等については売買目的有価証券に準じるものとして，当該注記に含めない（金融商品時価等開示適用指針第36項）。

6　社債，長期借入金，リース債務およびその他の有利子負債の返済予定額

社債，長期借入金，リース債務およびその他の有利子負債については，返済予定額の合計額を一定の期間に区分した金額を注記する（金融商品時価等開示適用指針第4項(5)）。

この注記は，金銭債権および満期がある有価証券の償還予定額（**5**参照）と同様に，金融負債の返済に必要なキャッシュ・フローをある程度予測できるようにすることを目的とするものである（金融商品時価等開示適用指針第37項参照）。

なお，財務諸表等規則第121条または連結財務諸表規則第92条に定められている社債明細表および借入金等明細表には，社債，長期借入金，リース債務およびその他の有利子負債について，貸借対照表日または連結決算日後5年内における1年ごとの償還（返済）予定額の総額が記載される（財務諸表等規則様式第12号（記載上の注意）10および様式第13号（記載上の注意）5または連結財務諸表規則様式第9号（記載上の注意）12および様式第10号（記載上の注意）6）。当該記載が行われており，かつ，当該負債の償還（返済）予定期間が最大でも5年内である場合には，その旨の記載をもって代えることができる（金融商品時価等開示適用指針第37項）。

7　金銭債務に関する任意の追加的注記

金銭債務については，貸借対照表計上額，貸借対照表日における時価およびその差額（**2**①および②参照）に加えて，以下の金額のいずれかを開示することができる。ただし，この場合には，当該金額の算定方法および時価との差額についての適切な補足説明を行う（金融商品時価等開示適用指針第4項(6)）。

(1)　約定金利に金利水準の変動のみを反映した利子率（貨幣の時間価値だけを反映した無リスクの利子率の変動のみを加味し，企業自身の信用リスクの変化は反映しない利子率）で割り引いた金銭債務の金額 (2)　無リスクの利子率（企業自身の信用リスクは反映しない利子率）で割り引いた金銭債務の金額

金銭債務の時価については，特に当該金銭債務を負っている企業自身の信用リスクが増加した場合にその時価が減少するため，投資者にとって有用な情報を提供することにはならないのではないかという見方がある（本章2参照）。この注記は，そのような見方があることを踏まえ，企業自身の信用リスクまたはその変化を反映していない金額を開示するものである（金融商品時価等開示適用指針第38項参照）。

上記(1)の開示は，現在の金利水準を反映した当該金額と金銭債務を負った時期の金利水準を反映している貸借対照表計上額との比較を可能とし，負債管理の状況を把握できるという見方によるものと考えられるとされている。ただし，当該金額を開示する場合には，当該金額の算定方法および時価との差額についての適切な補足説明を行う必要があるとされている（金融商品時価等開示適用指針第38項(1)）。

上記(2)は，企業自身の信用リスクを反映しないものであり，この開示は，当該金銭債務における実際の決済可能な価額を把握できるという見方によるものと考えられるとされている。すなわち，当該債務の市場性が高く市場からの買入等により消却する場合または当該債務を企業自身と同じ信用力の第三者に引き受けてもらう場合には，時価（企業自身の信用リスクを調整した利率による割引価値）で決済または移転できるものの，通常，金銭債務の場合には市場性がなく，企業自身と同じ信用力の第三者に引き受けてもらうための取引費用等も考慮すれば，実際に移転可能な金額は無リスクの利子率で割り引いた金額に近似するとされている。ただし，この場合には，時価よりも大きな金額が開示されるため，当該金額を開示する場合にも，当該金額の算定方法および時価との差額についての適切な補足説明を行う必要があるとされている（金融商品時価等開示適用指針第38項(2))。

4 金融商品の時価のレベルごとの内訳等に関する事項

1 概要

「金融商品の時価のレベルごとの内訳等に関する事項」(本章1 1参照)として注記する事項は，以下の(1)から(3)に分けられる。ただし，重要性が乏しいものは注記を省略することができ，連結財務諸表において注記している場合には，個別財務諸表において記載することを要しない(金融商品時価等開示適用指針第5-2項柱書)。

(1) 金融商品の時価のレベル(第6章1 2参照)ごとの内訳 (2) 時価の算定に用いた評価技法(第4章1 1参照)およびインプット(第2章4 4参照) (3) レベル3の時価に関する詳細注記

この注記事項のすべての開示項目は，適切な区分に基づいて注記する。金融資産および金融負債の適切な区分は，当該金融資産または金融負債の性質，特性およびリスクならびに時価のレベル等に基づいて決定することになるものと考えられるとされている。特に，その時価がレベル3の時価となる金融資産または金融負債については，一般的に性質，特性およびリスク等に多様性があるため，より詳細に区分して注記することが適切であると考えられるとされている。また，金融資産および金融負債を区分するにあたり，貸借対照表の科目よりも細分化することが必要となる場合であっても，貸借対照表の科目への調整ができるような情報を提供することが適切であると考えられるとされている(金融商品時価等開示適用指針第39-5項)。

定量的情報に関する注記(2，4②および③参照)は，基本的に表形式で注記することが想定されているが，他の様式のほうが適切な場合には当該様式による注記を妨げるものではないとされている(金融商品時価等開示適用指針第

39-6項)。

2　金融商品の時価のレベルごとの内訳

以下の金融資産および金融負債について，適切な区分に基づき，レベル1の時価の合計額，レベル2の時価の合計額およびレベル3の時価の合計額をそれぞれ注記する（金融商品時価等開示適用指針第5-2項(1)および(2))。

(1)　時価をもって貸借対照表価額とする金融資産および金融負債 (2)　(1)には該当しないが，金融商品時価等開示適用指針第4項(1)に従って貸借対照表日における時価を注記する金融資産および金融負債（本章3 **2** 参照）

この注記は，時価の相対的な客観性や信頼性に基づいて分類した金融商品の残高を示すものであり，財務諸表利用者にとって企業の保有する金融商品を評価するうえで有用であると考えられるとされている。なお，時価のレベル自体は時価の相対的な客観性や信頼性を意味するものであるが，時価のレベル間の振替の情報が伴うことにより，市場流動性に関する情報を提供する可能性もあると考えられるとされている（金融商品時価等開示適用指針第39-7項)。

3　時価の算定に用いた評価技法およびインプット

時価のレベルごとの内訳を注記する金融資産および金融負債のうち，貸借対照表日における時価がレベル2の時価またはレベル3の時価に分類される金融資産および金融負債について，適切な区分に基づき，以下の事項を注記する（金融商品時価等開示適用指針第5-2項(3))。

(1)　時価の算定に用いた評価技法およびインプットの説明 (2)　時価の算定に用いる評価技法またはその適用を変更した場合（第4章1 **3** 参照)，その旨および変更の理由

時価の算定に用いる評価技法またはその適用を変更する場合は，会計上の見積りの変更として処理するが，企業会計基準第24号第18項の注記[3]は不要である（時価算定会計基準第10項および金融商品時価等開示適用指針第39-9項)。

金融商品時価等開示適用指針参考（開示例）における記載例を，2019年改正前の時価の算定方法の注記の記載例と比較して，留意すべき点は，以下のとおりである。

- 有価証券および投資有価証券について，2019年改正前は，株式は取引所の価格，債券は取引所の価格または取引金融機関から提示された価格によっている旨を記載する例が示されていた。2019年改正後は，価格の情報源を示すよりも，活発な市場で取引されているかどうかを含む，時価のレベル別分類の根拠となる情報が求められていると考えられる。
- デリバティブ取引について，2019年改正前は，取引先金融機関から提示された価格等によっている旨を記載する例が示されていた。2019年改正後は，第三者価格を時価の算定に用いる場合には，原則として，時価算定会計基準に従って算定されたものであると判断することが企業に求められている（第3章[2]1参照）。したがって，第三者価格を時価の算定に用いる場合であっても，第三者価格を時価とみなすことができる一部の例外規定を適用する場合（第3章[2]2参照）を除き，自ら時価を算定する場合と同様の記載が想定されているものと考えられる。
- 預金，固定金利貸付金，銀行業における定期預金，長期借入金およびリース債務について，2019年改正前は，現在価値の算定に用いる割引率として，新規に同様の取引を行った場合に想定される利率とする記載例が示されていた。このような表現は，入口価格であることを意味し，出口価格とされている時価算定会計基準における時価の定義（第2章[4]1参照）と整合しないことから，市場金利に信用リスク等を反映させた割引率などに改められているものと考えられる。
- 破産更生債権等について，2019年改正前は，担保および保証による回収見込額等に基づいて貸倒見積高を算定しているため，時価は連結決算日における貸借対照表価額から現在の貸倒見積高を控除した金額に近似しており，当該価額をもって時価としているという記載例が示されていた。しかし，破産更生債権等についても，貨幣の時間価値を考慮することは必要である（第4章[1]4参照）ため，担保および保証による回収見込額等を用いた割引現在価値法により時価を算定しているという記載例に改められていると考えられる。

なお，製造業の記載例として，発行する社債の時価を割引現在価値法により算定する場合のものが示されているが，他の者が資産として保有する同一の社債の観察可能な相場価格を入手できる場合には，負債の時価の算定に反映でき

3　会計上の見積りの変更の内容のほか，会計上の見積りの変更の影響額に関する注記が求められている。

ない当該資産に固有の要素を除外して，発行する社債の時価を算定することが優先されることに留意が必要である（第3章③2参照)。

4　レベル3の時価に関する詳細注記

①　概　　要

時価をもって貸借対照表価額とする金融資産および金融負債について，当該時価がレベル3の時価に分類される場合，適切な区分に基づき，以下の事項を注記する（金融商品時価等開示適用指針第5－2項(4))。

(1)　時価の算定に用いた重要な観察できないインプットに関する定量的情報 (2)　時価がレベル3の時価に分類される金融資産および金融負債の期首残高から期末残高への調整表 (3)　レベル3の時価についての企業の評価プロセスの説明 (4)　重要な観察できないインプットを変化させた場合の時価に対する影響に関する説明

②　時価の算定に用いた重要な観察できないインプットに関する定量的情報

この注記は，企業が時価の算定に用いた重要な観察できないインプットが妥当な水準または範囲にあるかどうかについて財務諸表利用者が判断するために有用な情報を提供すると考えられるとされている（金融商品時価等開示適用指針第39-10項)。

IFRS第13号と同様に，財務諸表利用者にとって有用な開示が行われるよう，具体的な注記内容は財務諸表作成者に委ねられており，定量的情報の内容は特定されていない。金融商品時価等開示適用指針参考（開示例）においては，住宅ローン担保証券の時価を算定する割引現在価値法への重要な観察できないインプットである倒産確率，倒産時の損失率および期限前返済率ならびに株式オプションの時価を算定するオプション評価モデルへの重要な観察できないインプットである株式ボラティリティの範囲および加重平均を記載する例が示されている（金融商品時価等開示適用指針参考（開示例)「3．金融業」3．(注

2）(1))。しかし，企業は，必ずしも記載例に従う必要はなく，財務諸表利用者にとって有用な開示となるような注記方法を選択する必要がある（金融商品時価等開示適用指針第39-10項なお書き）。

なお，企業自身が観察できないインプットを推計していない場合（例えば，過去の取引価格または第三者から入手した価格を調整せずに使用している場合）には，記載を要しない（金融商品時価等開示適用指針第５－２項(4)①ただし書き）。

③　時価がレベル３の時価に分類される金融資産および金融負債の期首残高から期末残高への調整表

この注記は，時価がレベル３の時価に分類される金融資産および金融負債の期中変動を要因別に区分して開示することで，財務諸表利用者に損益への影響やレベル間の振替の影響等の情報を提供できるとされている（金融商品時価等開示適用指針第39-11項）。

調整表を作成するにあたっては，以下の事項を区別して示す（金融商品時価等開示適用指針第５－２項(4)②)。

(1)　当期の損益に計上した額およびその損益計算書における科目
(2)　当期のその他の包括利益に計上した額およびその包括利益計算書における科目
(3)　購入，売却，発行および決済のそれぞれの額（ただし，これらの額の純額を示すこともできる。）
(4)　レベル１の時価またはレベル２の時価からレベル３の時価への振替額および当該振替の理由
(5)　レベル３の時価からレベル１の時価またはレベル２の時価への振替額および当該振替の理由

また，(1)の「当期の損益に計上した額」のうち貸借対照表日において保有する金融資産および金融負債の評価損益およびその損益計算書における科目ならびに(4)および(5)の振替時点に関する方針を注記する（金融商品時価等開示適用指針第５－２項(4)②また書き）。(4)および(5)の振替時点に関する方針としては，例えば，以下のようなものが挙げられる（金融商品時価等開示適用指針第

39-12項）。

- 振替を生じさせた事象が生じた，または状況が変化した日
- 会計期間の期首
- 会計期間の末日

レベル１またはレベル２の時価からレベル３の時価への振替およびレベル３の時価からレベル１またはレベル２の時価への振替は，厳密には，日々発生し得るが，発生日における振替額を正確に記載するには過大な作成コストを要すると考えられる。そのため，IFRS第13号と同様に，これらの振替が会計期間のある時点（いずれの振替に対しても共通した時点）において発生したとみなす簡便的な方法を許容している（金融商品時価等開示適用指針第39-12項）。

なお，時価がレベル３の時価に分類される金融資産および金融負債の期首残高から期末残高までの変動の大部分が単一の変動理由によって説明できる場合には，一般的な重要性の判断に基づき，表形式によらない注記を妨げるものではないとされている（金融商品時価等開示適用指針第39-11項）。

④　レベル３の時価についての企業の評価プロセスの説明

この注記は，例えば，企業における評価の方針および手続の決定方法や各期の時価の変動の分析方法等の説明を記載するものである（金融商品時価等開示適用指針第５－２項⑷③）。

レベル３の時価についての企業の評価プロセスの説明は，企業における時価算定の主観性の程度を評価するのに役立つと考えられるとされている（金融商品時価等開示適用指針第39-14項）。

なお，IFRS第13号IE65項では，レベル３の時価についての企業の評価プロセスの説明として，以下の内容を開示する場合があることを示している。

⑴　企業の評価の方針および手続を決定する企業内のグループについて
　①　その説明
　②　当該グループは誰に対して報告するのか
　③　行われている社内報告手続（例えば，プライシング委員会，リスク管理委員

会または監査委員会が，時価の算定についての議論と評価を行っているかどうか，行っている場合はどのように行っているか）
(2) 補正（IFRS第13号第64項および時価算定適用指針第34項参照），バックテストその他の価格算定モデルの検証手続の頻度および方法
(3) 毎期の時価の変動の分析のプロセス
(4) 時価の算定に用いた，ブローカーの相場価格や価格情報サービスなどの第三者の情報が，IFRS第13号に従って作成されているかどうかを，企業がどのように判断したのか（IFRS第13号B45項および時価算定適用指針第18項参照）
(5) 時価の算定に用いた観察できないインプットを作成し立証するために用いた方法

⑤ 重要な観察できないインプットを変化させた場合の時価に対する影響に関する説明

定量的情報を注記した重要な観察できないインプット（②参照）を変化させた場合に，貸借対照表日における時価が著しく変動するときは，当該観察できないインプットを変化させた場合の時価に対する影響に関する説明を注記する。また，当該観察できないインプットと他の観察できないインプットとの間に相関関係がある場合には，当該相関関係の内容および当該相関関係を前提とすると時価に対する影響が異なる可能性があるかどうかに関する説明を注記する（金融商品時価等開示適用指針第5－2項(4)④）。

この注記は，財務諸表利用者に以下の情報を提供できると考えられるとされている（金融商品時価等開示適用指針第39-15項）。

(1) 重要な観察できないインプットが時価の算定に与える方向（増加方向または減少方向）に関する情報
(2) 時価の算定に用いた重要な観察できないインプットの情報と組み合わせることにより，個々のインプットに関する企業の見方が財務諸表利用者自身の見方と異なっていないかに関する情報
(3) 特定の金融資産または金融負債（例えば，複雑な金融商品）の価格決定モデルに関する情報

5　IFRS第13号の開示項目との相違

2019年改正は，国際的な会計基準との整合性を向上させるものであることから，基本的にはIFRS第13号の開示項目との整合性が図られているが，以下のように，一部の開示項目についてはコストと便益の考慮の結果，採り入れられていない（金融商品時価等開示適用指針第39-3項）。

IFRS第13号では，レベル1の時価とレベル2の時価との間のすべての振替額および当該振替の理由を開示することが求められている（IFRS第13号第93項(c)）が，金融商品時価等開示適用指針では，注記が求められていない。これは，当該開示項目については，レベル3の時価に関連する振替（**4**③参照）ほどの高い情報の有用性がないと考えられる中で，企業には時価をもって貸借対照表価額とする金融商品のすべての銘柄について時価のレベルに関する情報を収集するために過度な作成コストがかかると考えられたためである（金融商品時価等開示適用指針第39-17項）。

IFRS第13号では，財務諸表利用者に時価の潜在的な変動についての情報を提供するために，時価をもって貸借対照表価額とする金融資産および金融負債のうち，その時価がレベル3の時価となる金融資産または金融負債について，観察できないインプットを合理的に考え得る代替的な仮定に変更した場合の影響を開示することが求められている（IFRS第13号第93項(h)(ii)参照）が，金融商品時価等開示適用指針では，注記が求められていない（金融商品時価等開示適用指針第39-17項）。当該開示項目については，一定の有用性は認められるものの，「合理的に考え得る代替的な仮定」の設定が財務諸表作成者に委ねられているほか，個々の仮定の相互関係の設定が困難であることから，有用性が限られると考えられたとされている。また，財務情報とすべきものであるのか，非財務情報とすべきものであるのかの判断が難しいと考えられたとされている（金融商品時価等開示適用指針第39-18項）。

IFRS第13号では，金融資産および金融負債のグループを単位とした時価を算定する場合（第2章⑤**3**①参照）には，その旨を開示することが求められている（IFRS第13号第96項参照）。この点，金融商品時価等開示適用指針においては，金融商品に関する注記ではなく，重要な会計方針に関する注記として記載することとされている（第２章5 **3** 参照）（金融商品時価等開示適用指針第39-19項）。

IFRS第13号で開示が求められている以下の項目は，時価算定会計基準の設定に伴い改正された金融商品会計基準の適用対象外であるため，注記が求められていない（金融商品時価等開示適用指針第39-16項）。

(1) 非金融資産の最有効使用に関する開示（IFRS第13号第93項(i)参照）
(2) 非経常的な時価の算定に関する開示（IFRS第13号第93項(a)，(b)，(d)および(g)参照）
(3) 分離不可能な第三者の信用補完とともに発行されている負債の時価の算定における信用補完の反映方法の開示（IFRS第13号第98項参照）

5 四半期財務諸表における金融商品の時価等開示

四半期連結財務諸表または四半期個別財務諸表には，「財政状態，経営成績およびキャッシュ・フローの状況を適切に判断するために重要なその他の事項」を注記しなければならない（企業会計基準第12号「四半期財務諸表に関する会計基準」第19項(21)および第25項(20)）。これは，企業集団（四半期個別財務諸表を開示する場合は企業。以下同じ。）の状況に関する財務諸表利用者の判断に重要な影響を及ぼす可能性のある事項ということである。その例として，企業集団の事業運営にあたっての重要な項目であり，かつ，前年度末と比較して著しく変動している資産または負債等に関する以下の事項が挙げられる（四半期適用指針第80項）。

(1) 金融商品に関する四半期貸借対照表の科目ごとの四半期会計期間末における時価および四半期貸借対照表計上額とその差額
(2) 満期保有目的の債券については，四半期会計期間末における時価および四半期貸借対照表計上額とその差額，その他有価証券については，有価証券の種類（株

式および債券等）ごとの四半期会計期間末における四半期貸借対照表計上額および取得原価とその差額
(3)　デリバティブ取引（ヘッジ会計が適用されているものは除くことができる。）については，取引の対象物の種類（主な通貨，金利，株式，債券および商品等）ごとの契約額または契約において定められた元本相当額，時価および評価損益
(4)　時価をもって貸借対照表価額とする金融資産および金融負債について，適切な区分に基づき，四半期貸借対照表日におけるレベル1の時価の合計額，レベル2の時価の合計額およびレベル3の時価の合計額

総資産の大部分を金融資産が占め，かつ総負債の大部分を金融負債および保険契約から生じる負債が占める企業集団以外の企業集団においては，第1四半期および第3四半期では注記を省略することができるが，当該注記を省略する場合は第1四半期より行うこととされている（四半期適用指針第80項ただし書き）。

6　会社法計算書類等における金融商品の時価等開示

会社計算規則では，注記表（個別注記表および連結注記表）に，金融商品に関する注記を表示することを求めており（会社計算規則第98条第1項第12号），金融商品に関する注記は，以下に掲げるもの（重要性の乏しいものを除く。）とされている（会社計算規則第109条第1項）。

(1)　金融商品の状況に関する事項
(2)　金融商品の時価等に関する事項
(3)　金融商品の時価の適切な区分ごとの内訳等に関する事項

ただし，事業年度の末日において大会社であって金融商品取引法第24条第1項の規定により有価証券報告書を内閣総理大臣に提出しなければならない株式会社，すなわち，当該事業年度に係る連結計算書類を作成しなければならない株式会社（以下「会社法第444条第3項に規定する株式会社」という。）以外の株式会社は，上記(3)を省略することができる（会社計算規則第109条第1項ただし書き）。

なお，連結注記表を作成する株式会社は，個別注記表における注記を要しない（会社計算規則第109条第２項）。

法務省は，上記(3)の注記について，同省の考え方を以下のように説明している（電子政府の総合窓口（e-Gov）パブリックコメント：結果公示案件詳細「「会社計算規則の一部を改正する省令案」に関する意見募集の結果について」の「結果概要別紙」）。

定款において定時株主総会の議決権の基準日を決算日と定めていることを前提に，決算日から定時株主総会までの期間が短いため，実務上の負担が大きいという意見に対する説明は，概ね，以下のとおりである。

- 会社法は，株式会社の定時株主総会は，毎事業年度の終了後一定の時期に招集しなければならないと規定している（会社法第296条第１項）が，事業年度の終了後３カ月以内に定時株主総会を開催することを求めているわけではない。
- 会社計算規則第109条第１項は，必ずしも，金融商品時価等開示適用指針において「金融商品の時価のレベルごとの内訳等に関する事項」として注記を求められるすべての事項について，注記を求めることとするのではなく，各株式会社の実情に応じて必要な限度で開示することもできることとしている。
- 会社法第444条第３項に規定する株式会社は，類型的に，不特定多数の株主が存在する可能性が高く，会社の規模も大きく，計算関係も複雑になることから，計算書類を的確に理解するために，上記(3)の注記が特に重要であると考えられる。
- 会社法第444条第３項に規定する株式会社においては，その会社の規模から，上記(3)の注記を義務付けることによる追加的な事務負担が過大とはいえないと考えられる。
- 金融商品時価等開示適用指針において「金融商品の時価のレベルごとの内訳等に関する事項」として注記を求められる事項であったとしても，各株式会社の実情を踏まえ，計算書類においては当該事項の注記を要しないと合理的に判断される場合には，計算書類において当該事項について注記しないことも許容される。
- 当該事項の注記の要否は，各株式会社において，その実情を踏まえ，個別に判断されるべきものであることから，そのような判断を要せずに画一的に，金融商品時価等開示適用指針において「金融商品の時価のレベルごとの内訳等に関する事項」として注記を求められる事項の一部について，注記を要しないものとする規定は設けないこととしている。

上記(3)を，金融商品会計基準等に合わせ，「金融商品の時価のレベルごとの内訳等に関する事項」と修正すべきである旨の意見に対する説明は，概ね，以下のとおりである。

- 会社計算規則においては，金融商品時価等開示適用指針における定めとは異なり，注記事項を概括的に定めることとしているため，当該注記事項が同適用指針における「金融商品の時価のレベルごとの内訳等に関する事項」に相当するものであることが判別できれば足りる。会社計算規則など，我が国の法令において用いられている用語との平仄等も考慮して，「金融商品の時価の適切な区分ごとの内訳等に関する事項」と規定することとしているが，これは，金融商品会計基準等における「金融商品の時価のレベルごとの内訳等に関する事項」と同義である。
- 会社計算規則の用語の解釈に関しては，一般に公正妥当と認められる企業会計の基準をしん酌しなければならないとされており（会社計算規則第3条），会社計算規則改正の経緯等も踏まえれば，上記(3)が，金融商品会計基準において注記事項とされている「金融商品の時価のレベルごとの内訳等に関する事項」に相当する事項について注記を求めるものであることは明らかである。

第9章 適用時期および経過措置

1 適用時期

時価算定会計基準は，2021年４月１日以後開始する連結会計年度および事業年度の期首から適用される（時価算定会計基準第16項)。これは，時価算定会計基準と同日付で公表された棚卸資産会計基準の改正および金融商品会計基準の改正も同様である（棚卸資産会計基準第21-５項および金融商品会計基準第41項(5))。

時価算定会計基準は，2020年４月１日以後開始する連結会計年度および事業年度の期首から適用することもできる。また，2020年３月31日以後終了する連結会計年度および事業年度における年度末に係る連結財務諸表および個別財務諸表から適用することもできる（時価算定会計基準第17項)。棚卸資産会計基準の改正および金融商品会計基準の改正も同様である（棚卸資産会計基準第21-６項および金融商品会計基準第41項(6)）が，時価算定会計基準，棚卸資産会計基準の改正および金融商品会計基準の改正は，同時に適用する必要がある（時価算定会計基準第17項，棚卸資産会計基準第21-６項および金融商品会計基準第41項(6))。

時価算定適用指針の適用時期は，時価算定会計基準と同様とされている（時価算定適用指針第25項)。時価算定会計基準の設定に伴う四半期適用指針の改正，金融商品時価等開示適用指針の改正，金融商品実務指針の改正および外貨建取引等実務指針の改正の適用時期は，金融商品会計基準の改正と同様とされている（四半期適用指針第81-8項，金融商品時価等開示適用指針第7-3項，金融商品実務指針第195-16項および外貨建取引等実務指針第47-13項）。

財務諸表における金融商品の時価の算定については，早期に国際的な整合性を図ることが望ましいと考えられ，速やかに適用することへの一定のニーズがあると想定される。その一方で，システムの開発やプロセスの整備・運用までを含めると十分な準備期間が必要である[1]との意見や，具体的な実務の運用を検討するための時間を要するとの意見もある。上記の原則的適用時期と早期適用の定めは，こういった，利害関係者ごとに幅のある要望に対応したものであると考えられる（時価算定会計基準第45項参照）。

なお，金融商品時価等開示適用指針は，2020年3月31日付で，収益認識会計基準とともに改正されており（第8章③2③参照），その適用時期は，収益認識会計基準と同様とされている（金融商品時価等開示適用指針第7-6項）。すなわち，以下の選択肢がある。

- 2021年4月1日以後開始する連結会計年度および事業年度の期首から適用する（収益認識会計基準第81項）。
- 2020年4月1日以後開始する連結会計年度および事業年度の期首から適用する（収益認識会計基準第82項）。
- 2020年4月1日に終了する連結会計年度および事業年度から2021年3月30日に終了する連結会計年度および事業年度までにおける年度末に係る連結財務諸表および個別財務諸表から適用する。この適用にあたって，早期適用した連結会計年度および事業年度の翌年度に係る四半期（または中間）連結財務諸表および四半期（または中間）個別財務諸表においては，早期適用した連結会計年度および事業年度の四半期（または中間）連結財務諸表および四半期（または中間）個別財務諸表について，当該年度の期首に遡って適用する（収益認識会計基準第83項）。

1　公開草案（企業会計基準公開草案第63号「時価の算定に関する会計基準（案）」）では，第三者価格の利用にあたって，当該相場価格が時価算定会計基準に従って算定されたものであるという判断を要求する定め（第3章②1参照）の適用について，一定の準備期間を要すると考えられることから，2021年4月1日以後開始する事業年度から適用する経過措置が提案されていた。

2 経過措置

1　時価算定会計基準が定める新たな会計方針

時価算定会計基準の適用初年度においては，原則として，時価算定会計基準が定める新たな会計方針を将来にわたって適用する。この場合，その変更の内容について注記する（時価算定会計基準第19項）。この取扱いは，影響額の注記が求められていない点を除き，会計上の見積りの変更に関する原則的な取扱い（企業会計基準第24号第17項および第18項）と同様である。IFRS第13号およびFAS157の適用初年度においても，原則として，会計上の見積りの変更と同様の取扱いとしており，その理由として，時価を算定するために用いた方法の変更は新たな事象の発生または新たな情報の入手による時価の算定方法の変更と不可分であることを挙げている[2]。この点は，時価算定会計基準においても同様であると考えられる（時価算定会計基準第46項(1)参照）。棚卸資産会計基準には，トレーディング目的で保有する棚卸資産の時価の定義の見直しにより生じる会計方針の変更について，上記と同様の経過措置が定められている（棚卸資産会計基準第21-7項）。

ただし，時価の算定にあたり観察可能なインプットを最大限利用しなければならない定めなどにより，時価算定会計基準の適用に伴い時価を算定するために用いた方法を変更することとなった場合で，当該変更による影響額を分離することができるときは，会計方針の変更に該当するものとすることができる。この場合，当該会計方針の変更を過去の期間のすべてに遡及適用する（第1法）ほか，適用初年度の期首より前に新たな会計方針を遡及適用した場合の累

2　IAS第8号「会計方針，会計上の見積りの変更及び誤謬」第5項およびFASB ASC Topic 250「会計上の変更及び誤謬の訂正」10-20には，会計上の見積りの変更は，新たな情報から生じるものである旨が記載されている。企業会計基準第24号第4項(7)においても，会計上の見積りの変更は，新たに入手可能となった情報に基づいて行われる旨が記載されている。

積的影響額を，適用初年度の期首の利益剰余金およびその他の包括利益累計額または評価・換算差額等に加減し，当該期首残高から新たな会計方針を適用することもできる（第２法)。これらの場合，企業会計基準第24号第10項に定める事項を注記する（時価算定会計基準第20項)。具体的には，以下の事項を注記することになると考えられる（⑷，⑹および⑺については，連結財務諸表における注記と個別財務諸表における注記が同一であるときには，個別財務諸表においては，その旨の記載をもって代えることができる。)。

⑴　会計基準等の名称
⑵　会計方針の変更の内容
⑶　経過的な取扱い（すなわち，時価算定会計基準第20項）に従って会計処理を行った旨および当該経過的な取扱いの概要
⑷　第１法の場合，表示期間のうち過去の期間について，影響を受ける財務諸表の主な表示科目に対する影響額および１株当たり情報に対する影響額
⑸　第２法の場合，表示期間の各該当期間において，実務上算定が可能な，影響を受ける財務諸表の主な表示科目に対する影響額および１株当たり情報に対する影響額
⑹　第１法の場合，表示されている財務諸表のうち，最も古い期間の期首の純資産の額に反映された，表示期間より前の期間に関する会計方針の変更による遡及適用の累積的影響額
⑺　第２法の場合，適用初年度の期首の純資産の額に反映された，表示期間より前の期間に関する会計方針の変更による遡及適用の累積的影響額

これは，比較可能性の観点からは遡及適用するほうが有用である可能性があるため，その影響額が分離可能であることを条件として，当該部分については遡及適用することができるとしたものである（時価算定会計基準第46項参照)。この対象としては，デリバティブの時価の算定における信用評価調整に用いるインプットの，企業自身のデータ（例えば，内部信用格付別の倒産確率）から観察可能な市場データ（例えば，CDSスプレッド）または当該データに裏付けられるインプットへの変更が考えられる（第４章7参照)。

改正前の金融商品実務指針第103項では，「非上場デリバティブ取引の時価評価に当たっては，次の事項に留意する。」として，⑴に，「原則として，評価時

点で保有するデリバティブ取引を解約すると仮定した場合に取引相手先に支払うべき（又は受け取るべき）価額，いわゆる手仕舞いコスト（キャンセル・コスト）を見積もる。」とされていた。そして，同第293項には，「時価の考え方には，資産の再購入又は負債の再調達を仮定する考え方（エントリー価格法）と，資産の売却又は負債の決済を仮定する考え方（エグジット価格法）があるが，手仕舞いコストは後者の考え方に基づいている。」と記載されていた。

すなわち，改正前の金融商品実務指針に従って算定された価額は，時価の定義である，「算定日において市場参加者間で秩序ある取引が行われると想定した場合の，当該取引における資産の売却によって受け取る価格又は負債の移転のために支払う価格」（時価算定会計基準第５項）と同一になると考えられる[3]。

したがって，過去の期間において時価算定会計基準第５項の時価を算定するという会計方針を遡及適用した場合，時価算定会計基準第20項の適用対象となる変更による影響額はないはずである。

それにもかかわらず，遡及適用することを定めていることから，時価算定会計基準第20項における遡及適用は，会計方針変更後に入手した過去の期間の観察可能なインプットを用いることを含めて，変更後の方法と同一の方法によって過去の期間の時価を算定するということであると解される。この点について，ASBJは，一般的な遡及適用と同じであるとしている（時価算定会計基準（案）等に対するコメント「5. 主なコメントの概要とその対応」66）の「コメントへの対応」参照）。

なお，上記の取扱いに従い遡及適用をした場合には，適用した連結会計年度および事業年度の翌年度に係る四半期（または中間）連結財務諸表および四半期（または中間）個別財務諸表においては，その比較情報である適用初年度に係る四半期（または中間）連結財務諸表および四半期（または中間）個別財務

3　2017年12月５日開催第374回企業会計基準委員会審議事項６．の審議資料「(6)-２ 公正価値測定に関するガイダンス及び開示（金融商品）」にも，「日本基準では，非上場デリバティブの時価評価（金融商品実務指針第293項）を除き，時価が入口価格か出口価格かについて明示されていない。」と記載されている。

諸表について，上記の取扱いに該当する定めを当該年度の期首に遡って適用する（時価算定会計基準第18項）。

2　金融商品会計基準の改正により生じる会計方針の変更

時価の定義の見直しに伴う金融商品会計基準の改正（「第７章　時価算定会計基準の設定に伴う金融商品会計基準の改正」参照）により生じる会計方針の変更は，時価算定会計基準の適用初年度における原則的な取扱い（時価算定会計基準第19項）と同様に将来にわたって適用する。この場合，その変更の内容について注記する（金融商品会計基準第44-２項）。その理由は，時価の算定を変更することになり得るという意味では時価算定会計基準が定める新たな会計方針の適用と同一であるからであるとしている（金融商品会計基準第44-２項参照）。

しかし，その他有価証券の決算時の時価として，継続して適用することを条件に，平均価額を用いることができる定めの削除（第７章3参照）は，会計基準等の改正によって，従来認められていた会計処理の原則および手続を任意に選択する余地がなくなる場合（企業会計基準第24号第５項(1)参照）に該当する。

したがって，会計上の見積りの変更と同様の取扱いとするより，会計基準等の改正に伴う会計方針の変更以外の正当な理由による会計方針の変更の場合のように，新たな会計方針を過去の期間のすべてに遡及適用することが適切であるとも考えられる。

この点，ASBJは，遡及適用することとしなかったのは，仮に遡及適用を求める場合には，過去の減損損失の再計算を求めることになり実務上の影響が非常に大きく現実的でないとの意見が聞かれたためであると説明している（時価算定会計基準（案）等に対するコメント「5. 主なコメントの概要とその対応」68）の「コメントへの対応」参照）。

3　投資信託

改正前の金融商品実務指針では，投資信託に付すべき時価について，以下のとおり定めている（改正前金融商品実務指針第62項）。

- 投資信託に付すべき時価は市場価格とし，市場価格がない場合には市場価格に準ずるものとして合理的に算定された価額が得られればその価額とする。
- 市場価格に準ずるものとして合理的に算定された価額には，投資信託委託会社の公表する基準価格，ブローカーまたは情報ベンダーから入手する評価価格が含まれる。
- 私募投信であっても，その投資信託に組み入れられた有価証券等について市場価格に基づく価額がある場合，または時価を合理的に算定できる場合には，時価のある投資信託（時価を把握することが極めて困難と認められる金融商品以外のもの）とする。

また，上記の「市場価格に基づく価額」として，取引所の終値または気配値のほか，業界団体が公表する基準価格が示されており，「合理的に算定された価額」として，以下のものが示されている（改正前金融商品実務指針第267項）。

(1)　投資信託委託会社が公表する基準価格
(2)　ブローカーから入手する評価価格
(3)　情報ベンダーから入手する評価価格

上記の業界団体または投資信託委託会社が公表する基準価格は，時価の算定日において，当該価格で無条件に解約可能である場合には，時価算定会計基準における時価と考えられる。

しかし，現状の信託約款において，無条件に解約可能であるかどうかは明らかでないことが多い（時価算定会計基準（案）等に対するコメント「5. 主なコメントの概要とその対応」61）の「コメントの概要」参照）。また，金融商品取引法に基づく有価証券報告書や，投資信託及び投資法人に関する法律に基づく運用報告書の開示義務がある投資信託においては，一般に，投資信託協会が公表する「投資信託財産の評価及び計理等に関する規則」（以下「計理規則」という。）に従って各信託財産の評価を行っているものと考えられるが，計理規則は，時価算定会計基準に準拠したものではない。さらに，海外の投資信託の時価の算定方法はさまざまである（2018年12月13日開催第398回企業会計基準委員会審議事項３．の審議資料「審議(3)-２ 投資信託の時価算定」参照）。

上記のようなことから，投資信託の時価の算定に関する検討には，関係者との協議等に一定の期間が必要と考えられるため，時価算定会計基準公表後，概ね１年をかけて検討を行うこととし，その後，投資信託に関する取扱いを改正する際に，当該改正に関する適用時期を定めることとされた。そして，当該改正を行うまでの間は，時価算定会計基準の公表に伴う改正前の金融商品実務指針第62項の取扱いを踏襲し，投資信託の時価は，取引所の終値もしくは気配値または業界団体が公表する基準価格が存在する場合には当該価格とし，当該価格が存在しない場合には投資信託委託会社が公表する基準価格，ブローカーから入手する評価価格または情報ベンダーから入手する評価価格とすることができるものとされた（時価算定適用指針第26項）。

上記の経過措置を適用した投資信託について，その時価の算定に関する取扱いが改正されるまでの間は，「金融商品の時価のレベルごとの内訳等に関する事項」（第８章④参照）の注記は要さず，当該注記を行わない場合は，当該投資信託について，その旨および貸借対照表計上額を注記することとされている（時価算定適用指針第26項）。

4　民法上の組合等への出資金

任意組合，すなわち民法上の組合，匿名組合，パートナーシップおよびリミテッド・パートナーシップ等（以下「組合等」という。）への出資[4]については，原則として，組合等の財産の持分相当額を出資金（金融商品取引法第２条第２項により有価証券とみなされるものについては有価証券）として計上し，組合等の営業により獲得した純損益の持分相当額を当期の純損益として計上する。ただし，任意組合，パートナーシップに関し有限責任の特約がある場合にはその範囲で純損益を認識する（金融商品実務指針第132項）。

4　商品ファンドへの投資を除く。商品ファンドは，投資家の金銭による投資に対して運用結果に基づき金銭による持分の償還を行う契約である（金融商品実務指針第310項）。商品ファンドへの投資について短期運用目的のものは売買目的有価証券として，中長期の運用目的のものはその他有価証券として会計処理する（金融商品実務指針第134項）。

しかし，金融商品実務指針の結論の背景では，以下の会計処理も示されており，有価証券とみなされるものを含め，その契約内容の実態および経営者の意図を考慮して，経済実態を適切に反映する会計処理および表示を選択することとなるとされている（金融商品実務指針第308項）。

- 組合等の財産のうち持分割合に相当する部分を出資者の資産および負債として貸借対照表に計上し，損益計算書についても同様に処理する方法
- 貸借対照表について持分相当額を純額で，損益計算書については損益項目の持分相当額を計上する方法

なお，組合等の構成資産が金融資産に該当する場合には金融商品会計基準に従って評価し，組合等への出資者の会計処理の基礎とする（金融商品実務指針第132項）。

上記より，会計処理の単位は，組合等の個々の財産であり，時価の算定単位（第2章5 1参照）は組合等への出資全体ではないように見受けられる。それにもかかわらず，2019年改正前の金融商品時価等開示適用指針参考（開示例）の「3. 金融業」「2．金融商品の時価等に関する事項」（注2）の（＊3）には，「組合出資金のうち，組合財産が非上場株式など時価を把握することが極めて困難と認められるもので構成されているものについては，時価開示の対象とはしていない。」という記載例が示されており，組合財産の内容によって，時価開示の対象となる場合と時価開示の対象とならない場合があるように見受けられる。また，2019年改正の公開草案（企業会計基準公開草案第65号「金融商品に関する会計基準（案）」）においても，組合等において，構成資産が主に市場価格のない株式および出資金などである場合についても，「市場価格のない株式等」（第7章5参照）に含めることが提案されていた。

時価算定会計基準の公表時点においては，組合等への出資の時価の算定に関して，時価の算定対象が出資そのものなのか構成要素なのかが不明確であり投資信託と同様の論点が生じ得るとの意見を踏まえ，組合等への出資金を市場価格のない株式等から除くこととされ，時価の注記については，一定の検討を要するため，投資信託の取扱いを改正する際（3参照）に取扱いを明らかにする

こととされた（時価算定適用指針第27項および第52項参照）。

上記のようなことから，貸借対照表に持分相当額を純額で計上する組合等への出資の時価の注記について，投資信託の時価の算定に関する取扱いが改正されるまでの間は，「金融商品の時価等に関する事項」としての貸借対照表計上額，貸借対照表日における時価およびその差額の注記（第８章③２参照）を要さず，当該注記を行わない場合は，当該組合等への出資について，その旨および貸借対照表計上額を注記することとされている（時価算定適用指針第27項）。

5　金融商品の時価のレベルごとの内訳等に関する事項

金融商品の時価のレベルごとの内訳等に関する事項（第８章④参照）の比較情報は，作成が実務上困難な場合が多いと考えられることから，金融商品時価等開示適用指針の改正の適用初年度において，以下の経過措置が設けられている（金融商品時価等開示適用指針第43項参照）。

- 連結財務諸表および個別財務諸表に併せて表示される前連結会計年度および前事業年度に関する注記（以下合わせて「比較情報」という。）を要しない（金融商品時価等開示適用指針第７－４項）。
- 年度末の連結財務諸表および個別財務諸表から適用する場合には，時価がレベル３の時価に分類される金融資産および金融負債の期首残高から期末残高への調整表（第８章④４③参照）の注記を省略することができる。この場合，翌年度において，時価がレベル３の時価に分類される金融資産および金融負債の期首残高から期末残高への調整表の比較情報は要しない（金融商品時価等開示適用指針第７－５項）。

また，四半期適用指針の改正の適用初年度の四半期財務諸表には，時価をもって貸借対照表価額とする金融資産および金融負債について，四半期貸借対照表日におけるレベル１の時価の合計額，レベル２の時価の合計額およびレベル３の時価の合計額の注記を要しない（四半期適用指針第81－９項）。

6　金融商品時価等開示適用指針の2020年改正

2020年３月31日付で改正された金融商品時価等開示適用指針（第８章③２③

参照）の適用初年度において，収益認識会計基準を初めて適用することにより生じる新たな表示方法に従った比較情報の組替えは要しないとされている（金融商品時価等開示適用指針第７－７項）。

【参考書籍】

『国際財務報告基準（IFRS）詳説　iGAAP2018』（第一法規株式会社, 2019年）

＊　第１～３巻まであり，非金融資産を含む公正価値測定については第１巻に，金融商品の公正価値測定についての詳細は第３巻に掲載

【著者紹介】

有限責任監査法人トーマツ

有限責任監査法人トーマツは，デロイト トーマツ グループの主要法人として，監査・保証業務，リスクアドバイザリーを提供しています。日本で最大級の監査法人であり，国内約30の都市に約3,200名の公認会計士を含む約6,600名の専門家を擁し，大規模多国籍企業や主要な日本企業をクライアントとしています。

デロイト トーマツ グループは，日本におけるデロイト アジア パシフィック リミテッドおよびデロイト ネットワークのメンバーであるデロイト トーマツ合同会社ならびにそのグループ法人（有限責任監査法人トーマツ，デロイト トーマツ コンサルティング合同会社，デロイト トーマツ ファイナンシャルアドバイザリー合同会社，デロイト トーマツ税理士法人，DT弁護士法人およびデロイト トーマツ コーポレート ソリューション合同会社を含む）の総称です。デロイト トーマツ グループは，日本で最大級のビジネスプロフェッショナルグループのひとつであり，各法人がそれぞれの適用法令に従い，監査・保証業務，リスクアドバイザリー，コンサルティング，ファイナンシャルアドバイザリー，税務，法務等を提供しています。また，国内約30都市以上に１万名を超える専門家を擁し，多国籍企業や主要な日本企業をクライアントとしています。詳細はデロイト トーマツ グループWebサイト（www.deloitte.com/jp）をご覧ください。

デロイト ネットワークとは，デロイト トウシュ トーマツ リミテッド（“DTTL”），そのグローバルネットワーク組織を構成するメンバーファームおよびそれらの関係法人の総称です。DTTL（または“Deloitte Global”）ならびに各メンバーファームおよび関係法人はそれぞれ法的に独立した別個の組織体であり，第三者に関して相互に義務を課しまたは拘束させることはありません。DTTLおよびDTTLの各メンバーファームならびに関係法人は，自らの作為および不作為についてのみ責任を負い，互いに他のファームまたは関係法人の作為および不作為について責任を負うものではありません。DTTLはクライアントへのサービス提供を行いません。詳細は www.deloitte.com/jp/about をご覧ください。

デロイト アジア パシフィック リミテッドはDTTLのメンバーファームであり，保証有限責任会社です。デロイト アジア パシフィック リミテッドのメンバーおよびそれらの関係法人は，それぞれ法的に独立した別個の組織体であり，アジア パシフィックにおける100を超える都市（オークランド，バンコク，北京，ハノイ，香港，ジャカルタ，クアラルンプール，マニラ，メルボルン，大阪，ソウル，上海，シンガポール，シドニー，台北，東京を含む）にてサービスを提供しています。

本書は読者の皆様への情報提供として一般的な情報を掲載するのみであり，デロイト ネットワークが本書をもって専門的な助言やサービスを提供するものではありません。皆様の財務または事業に影響を与えるような意思決定または行動をされる前に，適切な専門家にご相談ください。本書における情報の正確性や完全性に関して，いかなる表明，保証または確約（明示・黙示を問いません）をするものではありません。また，DTTL，そのメンバーファーム，関係法人，社員・職員または代理人のいずれも，本書に依拠した人に関係して直接または間接に発生したいかなる損失および損害に対して責任を負いません。DTTLならびに各メンバーファームおよびそれらの関係法人はそれぞれ法的に独立した別個の組織体です。

【執筆者紹介】

園生　裕之

監査・保証事業本部　テクニカルセンター　パートナー
1986年10月　サンワ・等松青木監査法人（現，有限責任監査法人トーマツ）入社
1987年４月　早稲田大学政治経済学部卒業
1990年３月　公認会計士登録
会計基準の適用に関する専門的な見解の問合せおよび金融機関の監査を担当している。
日本公認会計士協会 会計制度委員会 委員（税効果対応専門委員会 専門委員長）
同 業種別委員会 銀行業専門委員会 元専門委員
日本証券業協会 社債の価格情報インフラの整備等に関するワーキング・グループ 委員

小山　敦史

リスクアドバイザリー事業本部　ファイナンシャルサービシーズ
マネージング・ディレクター
1999年３月　東京工業大学大学院情報理工学研究科修士課程修了（数理・計算科学専攻）
2003年９月　監査法人トーマツ（現，有限責任監査法人トーマツ）入社
金融商品の時価評価に関する監査の専門家リーダーであり，また，時価評価やリスク管理に関するアドバイザリー業務の責任者を担当している。

金融商品の「時価」の会計実務—算定方法と開示

2020年9月20日　第1版第1刷発行
2022年4月30日　第1版第3刷発行

著　者　有限責任監査法人トーマツ
発行者　山　本　　継
発行所　㈱中央経済社
発売元　㈱中央経済グループパブリッシング

〒101-0051　東京都千代田区神田神保町1-31-2
電話 03(3293)3371(編集代表)
03(3293)3381(営業代表)
https://www.chuokeizai.co.jp
製版／三英グラフィック・アーツ㈱
印刷／三英印刷㈱
製本／㈲井上製本所

＊頁の「欠落」や「順序違い」などがありましたらお取り替えいたしますので発売元までご送付ください。(送料小社負担)

ISBN978-4-502-35651-3　C3034